weissbooks.w

Stephan Friedrich, geb. 1951 in Bad Homburg, trat 1974 in das von seinem Vater gegründete Juweliergeschäft ein. Später wurde er gemeinsam mit seinem Bruder Christoph Inhaber des Geschäfts, das 2010 verkauft wurde, heute aber noch unter dem Namen »Friedrich« in der Frankfurter Goethestraße ansässig ist. Stephan Friedrich lebt mit seiner Familie in der Nähe von Frankfurt am Main.

Stephan Friedrich
Die falsche Liz Taylor
Ein Juwelier erzählt

weissbooks.w

Die falsche Liz Taylor

Gewidmet meiner Frau Bettina und meinen Kindern
Niclas, Anna-Katharina und Timothy

Vorwort

Mein Leben als Juwelier war ein Leben voller Geschichten. Über viele, viele Jahre begegneten mein Vater, mein Bruder und ich interessanten Zeitgenossen, Damen und Herren aus praktisch allen Ländern der Welt. Mit ihnen führten wir wunderbare Gespräche, an die ich mich noch heute gerne und immer wieder erinnere. Freilich gehen die Erinnerungen weit darüber hinaus – und im Nachdenken über sie entstanden Geschichten über den Beruf des Juweliers, die ich gesammelt habe und nun in diesem Buch präsentiere.

Es sind allerdings nicht nur heitere und schöne Geschichten, sondern auch traurige und bittere – wenngleich die heiteren überwiegen. Da edler Schmuck und schöne Steine eine fast magische Anziehungskraft auf Menschen entfalten, locken sie nicht nur seriöse Kunden an, sondern auch Gauner, Diebe und Räuber. Nicht selten sind Juweliere Opfer von Trickbetrügern wie auch von brutalen Gangstern. Damit zu leben, ist eine erhebliche Belastung, auch für die Mitarbeiter und die Angehörigen. »Ein Juweliergeschäft zu eröffnen, ist heute in etwa so, als würde man seinen Lebensmittelpunkt nach Los Angeles South Central verlegen«, schrieb 2014 – mit leichter Übertreibung – die Frankfurter Allgemeine Zeitung.

Früher war ein Juweliergeschäft offen. Heute sind die Läden zigfach gesichert, von außen gut einsehbar und mit Überwachungskameras versehen. Vor den Läden stehen gut gebaute Security-Leute. Eine, ehrlich gesagt, traurige Entwicklung, die sich jedoch seit langem abgezeichnet hat.

Schon in den Jahrzehnten, in denen wir Friedrichs eines der großen deutschen Juweliergeschäfte führten, hatten wir immer wieder mit extremen Vorgängen zu tun. Das reichte von Entführung über Mord und Totschlag bis hin zu spektakulären Betrügereien.

Auch ein weltbekannter schicksalsträchtiger Diamant spielte eine große Rolle in meinem Leben. Doch über allem standen – Menschen. Kaiserliche Hoheiten, Staatsmänner, Diplomaten und andere bedeutende Persönlichkeiten wie Weltstars aus dem Showbusiness waren unsere Kunden und wurden hin und wieder Freunde. Doch auch andere Menschen waren mir wichtig, wie zum Beispiel die Armen und Obdachlosen in Frankfurt, mit denen ich seit Jahrzehnten alljährlich ein Fest feiere.

Über solche und andere Begegnungen berichte ich in meinem Buch. Ich erzähle Anekdoten, Episoden und Geschichten, die allesamt auf Tatsachen beruhen. Mögen sie auch unglaublich sein, so sind sie dennoch wahr.

Natürlich erinnere ich mich an viele besondere, mich prägende Momente. An gute Kunden, mit denen ich die

Leidenschaft für faszinierenden Schmuck teilen durfte und die Freude am Einzigartigen. Viele Geschichten erinnern auch an unseren Vater, der das Geschäft 1947 gründete und dessen Dictum »Schmuck ist am schönsten, wenn er verkauft ist!« ihn wohl am treffendsten beschreibt. Und sie erinnern mich an jene – nicht seltenen – Augenblicke, die das Leben eines Juweliers erhellen, der weiß: »Schmuck ist dann schön, wenn eine Frau, die ihn geschenkt bekommt, zu lächeln beginnt.«

Karl Friedrich eröffnete 1959 einen Pavillon gegenüber dem ehemaligen Kaiserkeller in Frankfurt. Es war das damals modernste Juweliergeschäft in Deutschland und machte Friedrich gleichzeitig zum einzigen Juwelier, der seinen Kunden einen Platz im Garten anbieten konnte. Im Vordergrund (Mitte) sitzt Miss World, Petra Schürmann.

Die Gefahren eines Juweliers

Über Diamanten kann man viele Geschichten erzählen. Manche haben katastrophale Kriege ausgelöst und ziehen Blutspuren hinter sich, auf anderen lastet angeblich ein Fluch. Sicher ist nur: Diamanten sind begehrt. Und so kann es niemanden wundern, dass Diebstähle, Einbrüche, auch tagsüber, Betrügereien, Trickdiebstähle mehr und mehr zunehmen, zumal Juwelen der größte Wert auf kleinstem Raum sind.

In den ersten Jahren, als ich im Geschäft war, kam einmal ein Kunde in den Laden, um Diamanten auszusuchen. Er schien mir nervös und unsicher zu sein, auf seiner Stirn standen Schweißperlen. Er nahm einen Stein mit 1,5 Carat in seine Rechte und ließ plötzlich aus eben dieser Hand einen anderen Stein auf den Tisch fallen. Er sah mich an und erkannte, dass ich den Vorgang mit Misstrauen verfolgt hatte. Dann ließ er auch den anderen – den echten – Diamanten fallen und verließ unseren Laden. Ich war so perplex, ja gelähmt, dass ich nur dastand und schwieg. Als der »Kunde« verschwunden war, rief ich meinen Vater, der zufällig in der Nähe war. Zum Glück entstand kein weiterer Schaden, aber diese schreckliche Gelähmtheit angesichts einer möglichen Untat gab es in meinem Juwelierleben immer mal wieder.

Es hat sich so viel verändert in den letzten Jahren. Nehmen wir mal die Post. Bis Ende 2007, als es das Postmonopol noch gab, kam täglich ein Postbote ins Geschäft. Heute sind es etwa fünf Personen, die zu verschiedenen Tageszeiten kommen und gehen, ja es wimmelt von Zustellern und Kurieren, die versicherte Ware vom Juwelier abholen und bringen. Wie viele falsche Zusteller und Kuriere betrügen und betrogen haben, weiß ich nicht, aber es sind und waren viele.

Es gab einmal eine Zeit, als jeder seinen Friseur, seine Bank, sein Restaurant, seinen Juwelier, seinen Urlaubsort, seinen Arzt, seine Zugehfrau oder Chauffeur hatte. Heute ist das vorbei, obwohl man nicht viel schlauer ist. Man kann heute auch keine Automotore, Telefone oder Quarzuhren repariert bekommen. Im 21. Jahrhundert ist alles komplizierter geworden.

Ja, damals. Damals beauftragte einmal eine Bank eine Agentur, »Muster« für den Typ ehrlicher Mann und für den Typ Gauner zu entwickeln. Danach hatte der ehrliche Mann eine Familie, mindestens zwei Kinder, war gläubig, trug immer seinen Ehering, fuhr Mercedes oder VW, ging mindestens einmal im Monat ins Konzert, trug dunkle Anzüge und Schuhe und fuhr in den Urlaub nach Deutschland, Österreich oder in die Schweiz. Der Gauner war mindestens einmal geschieden, ungläubig, hatte schlecht gefärbte oder falsche Haare, trug Kroko-

oder Lackschuhe, weiße oder rote Socken und grelle Hemden, fuhr Ferrari, Rolls Royce oder einen aufgetunten Wagen, hatte eine Goldkette und machte mit seinem Pudel Urlaub auf Sylt.

Und nun stellen Sie sich vor, dass ein solcher Typ Gauner am Samstag zu Ihnen ins Geschäft kommt, einen Diamanten aussucht und mit einem Scheck bezahlen will. Was tun? Er vertraut Ihnen, aber Sie misstrauen seinem Scheck. Uns Juwelieren geht es nicht so gut wie den Chirurgen, die in den OP zurückkommen und sagen: »Der Scheck ist gedeckt, wir können jetzt operieren.«

Wie sich die Zeiten ändern: Wenn früher ein Mann mit Jeans, losem Hemd und Turnschuhen zu uns ins Geschäft kam, hatte man ein ungutes Gefühl; wenn heute ein Mann mit Anzug, Krawatte und geputzten Schuhen ins Geschäft kommt, hat man ein ungutes Gefühl ...

Andererseits mag auch solches geschehen: Ein Kunde sieht im Fenster einen Ring, der 10 000 Euro kostet und ihm sehr gefällt. Er kauft den Ring und verlässt das Geschäft. Beim Tageslicht draußen sieht er, dass er einen Glasstein gekauft hat, und geht zurück ins Geschäft. Er erklärt dem Verkäufer, von ihm betrogen worden zu sein. Der Juwelier bestreitet dies heftig und sagt: »Den Ring haben Sie draußen umgetauscht, ich habe Ihnen einen echten Stein verkauft«. Spaßeshalber könnte er auch sagen: »Sind Sie doch froh, Sie haben nur einen, ich habe noch neun von der Sorte!«

Es gibt Einbrecherbanden, die vom Ausland gesteuert werden und die schon, bevor sie mit ihren Missetaten loslegen, einen Anwalt haben, der sie später effektiv vertreten kann, die bestens ausgerüstet sind und über genaue Pläne des zu überfallenden Juwelierladens verfügen. Sie stellen derzeit die Polizei vor große Probleme.

Soll ein Juwelier eine Waffe tragen? Wir haben uns immer dagegen ausgesprochen, da die Polizei uns überzeugt hat, dass eine Waffe am Ende immer eine größere Gefahr darstellt als keine Waffe. Die Gangster wissen, wer eine Waffe hat – und schon sind sie bereit, zu schießen und schlimmstenfalls zu töten. Um uns in die richtige Haltung zu versetzen, haben wir eines Tages etwas Sie vielleicht Irritierendes »beschlossen«: Jeder, der zu uns kommt und uns total unbekannt ist, hat nichts Gutes vor.

Wichtig ist übrigens noch dies: Der Juwelier muss im Gespräch über seine Schätze den wirklichen Wert der Ware ausblenden. So wie ein Chirurg niemals ein Mitglied seiner Familie operieren und bei seinem Patienten nur nüchtern denken soll, dass die Maschine kaputt ist und eben repariert werden muss, dürfen auch wir nicht an den realen Warenwert denken – wir würden sonst irgendwann verzweifeln …

Doch wie auch immer: Der Beruf des Juweliers ist ungemein reizvoll. Man begegnet wunderbaren Menschen und teilt mit ihnen ihr Glück, wenn ein Schmuckstück sie begeistert.

Viele Geschäfte entstanden in einem der schönsten Augenblicke, den Menschen kennen – bei der Wahl der Eheringe.

Und so ist es eine Ehre, Juwelier zu sein – wenn auch nicht immer ein unbedingtes Vergnügen.

Deepdene

Große Diamanten – oder vielmehr ihr Ruhm, ihr Versprechen, ihre Magie – haben schon ganze Völker in Krieg und Verderben gestürzt, zu Mord und Totschlag im engsten Familienkreis geführt oder den Weg zu ewiger Liebe geebnet. Die Geschichte um den legendären Deepdene jedenfalls ist eine Geschichte von Lüge, Verrat, Betrug und Mord – und die will ich erzählen.

Im Mittelpunkt aller dramatischen Verwicklungen stand unser Vater, Karl Friedrich. Einem Freund von ihm, Herrn Kasper, war ein außergewöhnlicher Stein angeboten worden. Der Diamant hatte eine seltene goldgelbe Farbe und war fast lupenrein. Bei einem Gewicht von 104,525 Carat hatte er einen antiken kissenförmigen Schliff und war mit ungefähr drei auf drei Zentimetern von stattlicher Größe. In seinem unteren Teil trug er die Zeichnung eines Malteser Kreuzes.

War aber der Herrn Kasper angebotene Stein in der Farbe wirklich echt? Seit 1960 konnte man, was in Fachkreisen bekannt war, die Färbung von Diamanten durch eine spezielle Technik des Erhitzens und Bestrahlens manipulieren. Bei diesem Vorgang werden die Diamanten in einem Zyklotron-Reaktor mit Neutronen

»bombardiert«, danach auf bis zu 800 Grad erhitzt, um schließlich mit flüssigem Helium wieder heruntergekühlt zu werden. Mit dieser Technik kann man fast jede Färbung erreichen. Allerdings ist das ganze Unterfangen voller Risiken, da Diamanten aus reinem Kohlenstoff bestehen und daher Gefahr laufen, sich bei dieser Prozedur schwarz zu verfärben, zu verbrennen oder gar ganz zu zerfallen. *Natürlich gefärbte* Diamanten erhalten – dies nebenbei – ihre Farbe durch Radioaktivität im Erdinneren.

Doch wie auch immer: Zwei namhafte deutsche Gemmologen, Professor Jürgen Pense und der Mineraloge Werner Galia, hatten im Dezember 1970 ein Gutachten erstellt, wonach die Gelbfärbung des Diamanten natürlich war. Dieses Gutachten wurde später noch einmal von C.D. Clarke, einem englischen Experten auf dem Gebiet der Bestrahlungseinwirkung auf Kristalle, in einer Publikation des »Thomson Physical Laboratory« bestätigt.

Unser Vater beschloss schließlich, den Stein zu erwerben. Der Preis betrug 365 000 DM, eine für damalige Verhältnisse gigantische Summe. Herr Kasper, der den Diamanten in der Schweiz kaufen sollte, beteiligte sich mit einer kleineren Summe und erhielt den Löwenanteil des erforderlichen Geldes von meinem Vater. Und mit Handschlag besiegelten beide, dass bei einem erfolgreichen Weiterverkauf jeder seinen »Einsatz« anteilig zurückerhielte. Beim Kauf des Diamanten bekam Kasper eine Quittung.

Bei der Nachuntersuchung des Diamanten in Frankfurt stellte sich dann etwas Sensationelles heraus: Dieser 104,525 Carat schwere Diamant war der verschollen geglaubte historische Deepdene. Er war nun in Vaters Besitz, wenn auch mit einer winzigen Differenz zu der Beschreibung in dem Standard-Nachschlagewerk »Diamond Dictionary« von 1939: Der Stein war um 0,355 Carat (0,07 Gramm) *leichter* als der darin beschriebene »golden yellow diamond«. Solche Gewichtsdifferenzen können allerdings im Laufe der Zeit durchaus auftreten, da Diamanten immer mal wieder aufpoliert werden, um eine stärkere Brillanz zu haben, und in unserem Fall war das zudem deshalb wahrscheinlich, weil der Stein einen antiken Schliff hatte.

Im März 1971 lieferte unser Vater den legendären Deepdene-Diamanten bei Christie's zu deren Frühjahrsauktion ein. Ein Experte des Auktionshauses hatte ihn im Katalog mit den Worten beworben: »In diesem Stein ist goldenes Sonnenlicht gefangen«. Am 27. Mai erhielt Van Cleef & Arpels den Zuschlag; der wertvolle Stein erzielte den Rekordpreis von 1,9 Millionen Schweizer Franken. Van Cleef & Arpels kaufte den Deepdene im Auftrag von Aristoteles Onassis, der den Diamanten als Geschenk für seine Frau Jacqueline Kennedy-Onassis haben wollte.

Doch kurz nach der Auktion ließ der Schweizer Gemmologe Eduard Gübelin verkünden, dass es sich bei dem Stein um eine Fälschung handele. Der echte Deepdene befinde sich in den USA, habe ein Gewicht von 104,88 Carat, sei gezeichnet mit einem Malteser-Kreuz in seinem unteren Bereich und weise eine kleine Unreinheit auf (eine *small inclusion*). Der soeben versteigerte Diamant sei ihm selbst einmal für »nur« 180 000 DM angeboten worden. Den Mainzer Gemmologen warf Gübelin mangelndes Wissen in puncto Diamantenbestrahlung vor und bekräftigte seine Behauptung: Der wahre Deepdene befände sich in Amerika, es sei ihm aber nicht bekannt, an welchem Ort.

Diese Nachricht traf alle wie ein Blitz. Blankes Entsetzen herrschte unter den Betroffenen, und der Diamant musste unter den Augen der Weltöffentlichkeit ein weiteres Mal geprüft werden. Jetzt wurde Basil Anderson vom englischen »Gem Testing Laboratory« damit beauftragt – der nach seinen Untersuchungen Gübelins Behauptung bestätigte. Onassis trat vom Kauf zurück – und seine Gattin musste auf den wunderbaren Diamanten verzichten.

Nun hatte die BILD-Zeitung ein großes Thema und überall in den Medien hieß es: Friedrich ein Betrüger!, Fälscher und Gauner, der den gesamten internationalen Diamanthandel schwer in Verruf gebracht habe.

Für unseren Vater brach eine Welt zusammen. Sein Ruf war mit einem Schlag ruiniert – das Todesurteil für einen seriösen Juwelier, der er bis zu diesem Tag gewesen war. Danach fanden wir Kinder ihn morgens oft klatschnass und schweißgebadet nach schweren Nächten in seinem Bett liegen.

Aber etwas trieb ihn immer wieder um: An Gübelins Aussage konnte etwas nicht stimmen. Die im »Diamond Dictionary« beschriebene Farbe – »golden yellow« – stimmte doch haargenau. Wenn »unser« Diamant falsch wäre, hätte er ja bestrahlt werden müssen. Das konnte aber nicht sein. Oder doch? Es gibt sehr schöne und seltene naturfarbene Diamanten in goldgelben, rosé, hellblauen und auch grünen Tönen, wie zum Beispiel der »Grüne Dresden-Diamant«. Diese Steine erzielen teilweise den 10- bis 100fachen Preis von farblosen Diamanten. So kann man Menschen verstehen, die Diamanten künstlich zu manipulieren versuchen.

Unser Vater setzte sich fortan mit den weltweit renommiertesten Laboratorien, die mit der Bestrahlung von Diamanten zu tun hatten, in Verbindung. Ob sie vielleicht sagen konnten, ob jemand einen so goldgelben Diamanten je verändern ließ? Die Labors erklärten, dass derlei nicht bekannt sei – und dass es auch keinerlei Dokumente in dieser Richtung gäbe. Dies war ein großer Erfolg für unseren Vater, der zwischenzeitlich auch erfuhr, dass der Diamant angeblich einmal dem großen New Yorker Juwelier Harry Winston gehört hatte. Umgehend kontaktierte er Winston, der jedoch erklärte, den Stein nie besessen zu haben.

Im Oktober 1971 kam es allerdings dann wirklich zu einer guten Nachricht. Unser Vater konnte die ursprünglichen Besitzer des Steins ausmachen – und schon bald wurde ihm der Weg des Diamanten klar: Gefunden hatte man ihn 1890 in den Minen von Transvaal in Südafrika, geschliffen wurde er bald danach in Amsterdam. Über den ersten Besitzer geriet der Stein 1939 an das Ehepaar Cary w. Bok in Philadelphia, USA. Bok war der Eigner eines Landsitzes namens »Deepdene Estate« in Pennsylvania – und so bekam der Stein seinen Namen: Deepdene, was die Bedeutung »Tiefes Tal« hat. Die Witwe von Mr. Bok gab meinem Vater eine Reihe von Auskünften, die ihm alle nahelegten, dass er der jetzige Besitzer des Steins war. Auch eine alte Ausgabe der Zeitung »The Evening Ledger« aus Philadelphia, die ihm zugespielt wurde, beschrieb den »unermesslich wertvollen Diamanten mit seiner goldgelben Farbe« – und dieses Goldgelb *hatte* sein Stein.

Schon bald kam es zu einer weiteren Überraschung. Mrs. Bok erzählte, dass ihr Mann sich 1954 vom Deepdene getrennt und ihn an Harry Winston verkauft hatte. Eigenartig, dachte unser Vater und kontaktierte Winston erneut. Der jedoch bestritt erneut, den Diamanten je gehabt bzw. je etwas mit ihm zu tun gehabt zu haben. Nach 1955 jedenfalls, so das Ergebnis weiterer Recherchen, wurde der Deepdene an eine Mrs. Loder in Kanada verkauft – und danach verlor sich seine Spur.

Nun übergab unser nimmermüder Vater den Stein Herrn Professor Rösch von den Leitz-Werken in Wetzlar, zusammen mit einem Foto des Deepdene aus dem Jahr 1939, das er von Mrs. Bok erhalten hatte. Rösch wiederum nahm den Diamanten von allen Seiten auf und verglich seine Fotos mit der alten Aufnahme mithilfe des »Trennbild-Verfahrens«. Danach erklärte er am 16. Dezember 1971, gerade rechtzeitig vor Weihnachten, den Stein meines Vaters für echt: Er ist zweifelsfrei der Deepdene. Zur Farbechtheit des Diamanten konnte Professor Rösch allerdings nichts sagen.

Die Gewissheit, im Besitz des legendären Steins zu sein, brachte leider keine Ruhe. Weltweit kam es 1972 zu Auseinandersetzungen unter Experten und Bescheidwissern und die Zeitungen brachten eine spekulative Story nach der anderen. »Schwindel mit gefärbtem Diamanten«, »Professoren decken Betrug« und »Aufdeckung einer Fälschungsaffäre« waren Schlagzeilen, die meinen Vater immer wieder in die Öffentlichkeit zerrten und ein schiefes Bild auf ihn und unsere Familie warfen.

Im März 1972 schaltete sich ein Diamantenexperte aus New York namens Dr. Frederic Pough in die Diskussion ein. In einem Brief an Eduard Gübelin kritisierte er die Mainzer Wissenschaftler wegen – offenbar – mangelnder Erfahrung mit bestrahlten Steinen und stützte Gübelins Position, ohne allerdings eindeutig Stellung zu beziehen – »mit Rücksicht auf meine Schweigepflicht und Ehre.«

Jetzt schlug Gübelin meinem Vater vor, den Stein noch einmal zu untersuchen. Unser Vater erklärte sich einverstanden, da aber ließ Gübelin ihn wissen, dass der Stein bei der Prüfung auf minus 170 Grad abgekühlt und dann auf 25 Grad Celsius erwärmt werden müsste. Unser Vater war außer sich, zumal Gübelin nicht ausschließen konnte, dass der Stein schwarz werden oder gar platzen könnte. »Ich komme nur, wenn Sie für eine Million Dollar die Haftung übernehmen, sollte dem Stein etwas passieren.« Soweit mein Vater. Gübelin weigerte sich, und so wurde aus der schon vollmundig angekündigten Untersuchung nichts.

Zu den positiven Ergebnissen von Professor Rösch schwieg Eduard Gübelin lange Zeit. Dann aber lud er im Juni 1972 zur Pressekonferenz der Schweizer Gemmologischen Gesellschaft und erklärte zur Überraschung aller: »Ich entschuldige mich bei Herrn Friedrich für meine falsche Behauptung, dass der echte Deepdene in den USA liegt. Ich gratuliere den Herren Friedrich und Kasper – sie haben den echten Deepdene. Ich hatte auch übersehen, dass der Stein von Herrn Friedrich ein Malteserkreuz trägt und einen kleinen Fehler hat.« So weit so gut, jedoch so ganz konnte Gübelin nicht aufgeben, denn: »Ich bleibe aber dabei, dass die Farbe des Steins künstlich verändert worden ist.« Diese Ansicht hielt sich weiter unter den führenden Gemmologen – ja, sie wurde auf deren Weltkongress im September 1972 sogar noch einmal bekräftigt.

Es blieb also der Verdacht, dass der echte Deepdene, der meinem Vater gehörte, vielleicht doch künstlich verändert worden war – und die Experten stritten munter weiter. So gingen erneut Monate ins Land, in denen unser Vater eine Klage gegen Herrn Gübelin erwog, den Gedanken aber schließlich fallen ließ. 1973 meldete sich die Mineralogin Dr. Judith Frondel, sie habe 1939 den Deepdene auf einer Ausstellung in Philadelphia betreut und er habe exakt die Farbe des Diamanten meines Vaters gehabt.

Im Oktober 1973 meldete sich ein Herr Volkmar Weilguny aus Braunschweig bei meinem Vater. Er erklärte, die vermögende Verlegerwitwe Helga Eckensberger für den Deepdene interessiert zu haben, ohne dafür beauftragt gewesen zu sein. Daraufhin besuchte unser Vater die Dame, zeigte ihr den Stein, doch ein Verkauf kam nicht zustande. Unser Vater fuhr am selben Abend noch nach Frankfurt zurück – aber Stunden danach geschah Schreckliches. Weilguny brach bei Frau Eckensberger ein, in deren Safe er den Diamanten vermutete. Dabei wurde er von der Dame überrascht und in Panik ermordete er sie. Die Kripo kam rasch auf seine Spur und nahm ihn fest. Natürlich war dies wieder ein brisanter Fall für die Boulevardpresse – und wieder war der Deepdene in aller Munde. Für meinen Vater war dies entsetzlich und bedrückte ihn tief. Nun hatte der Deepdene auch schreckliches Unglück über andere Menschen gebracht.

Doch damit nicht genug. Schon 1972 hatte sich bei meinem Vater ein Willibald Prückl gemeldet, ein Österreicher, der vom Deepdene rettungslos überzeugt war, ein, wie man heute sagen würde, potentes Netzwerk besaß und sich anbot, den Diamanten gewinnbringend zu veräußern. Unser Vater schloss einen Vertrag mit dem Herrn, der bald um die halbe Welt reiste und den Deepdene mit sich führte, nachdem er meinem Vater zugesichert hatte, den Stein besonders gut zu versichern – was er »vergaß«, wie es sich später herausstellen sollte.

Herr Prückl präsentierte immer wieder angebliche Kaufinteressenten, die jedoch, wenn es ernst wurde, verschwanden. Und der Ärger für meinen Vater nahm kein Ende. Einmal kam Prückl mit dem Deepdene zurück nach Deutschland – und der Zoll beschlagnahmte den Stein wegen »illegaler Einfuhr«, weshalb unser Vater den Stein wieder freikämpfen musste. Ähnliches widerfuhr Prückl bei einer Einreise in die USA. Auch dort wurde der Diamant beschlagnahmt, konnte aber, nach endloser Korrespondenz mit den Behörden und gegen Zahlung von etwa 40 000 DM, wieder nach Deutschland geholt werden.

Das Gute an Herrn Prückl war freilich, dass er den Stein in verschiedenen Ländern lichtoptisch, kristallografisch, physikalisch und kernchemisch untersuchen ließ. Obschon unser Vater fast unter der Flut von Messwerten und Papieren, mit denen ihn Prückl versorgte, erstickte, wurde doch immer wieder bestätigt: Die Farbe des Diamanten ist echt!

Dann aber kam es zur nächsten Katastrophe. 1975 starb Herr Kasper, der ja am Deepdene beteiligt war. Kasper hinterließ eine Ehefrau, eine ehemalige Ehefrau, verschiedene Freundinnen und eine ganze Schar ehelicher und unehelicher Kinder – sonst jedoch nichts von Belang. Aber bei Aufräumaktionen fand die mittellose Erbengemeinschaft die Quittung des damaligen Verkäufers des Deepdene, auf der Kasper als alleiniger Käufer vermerkt war. Umgehend forderten die Erben Kaspers die Herausgabe des Diamanten.

Unser Vater war vor den Kopf gestoßen, aber es half ja nichts: Er musste beweisen, dass er den Großteil des Kaufs finanziert und damit entsprechende Eigentumsrechte hatte. Der Stein selbst befand sich zu der Zeit bei Herrn Prückl, der zu allem Überfluss im selben Jahr ebenfalls verstarb. Auch dort gab es Erben, die noch minderjährig waren. Deren Interesse nahm ein eilfertiger Nachlasskurator wahr, dessen erste Amtshandlung die Beschlagnahmung des wertvollen Steins war. Danach begann ein bizarrer Streit im Dreieck zwischen meinem Vater, dem Testamentsvollstrecker Kaspers und dem Nachlasskurator Prückls, ein Streit, der zweieinhalb Jahre andauerte. Schließlich kam es zu einer Einigung – und der Deepdene konnte im April 1978 nach Frankfurt zurückkehren.

Ein halbes Jahr später, am 28. Dezember 1978, starb Harry Winston, der Juwelier aus New York. Am 29. Dezember meldete sich Dr. Pough am Telefon und hüstelte verlegen: »Heute Nacht ist Harry Winston gestorben – und jetzt erst darf ich reden. Wissen Sie: Winston hat mir ein Schweigegelübde abgenommen. Er hat natürlich den Deepdene besessen…« Und Pough gesteht: »In seinem Auftrag habe ich den Diamanten 1955 künstlich bestrahlt und den Stein etwas nachgeschliffen, um die Spuren der Bestrahlung zu beseitigen.« Durch dieses Nachschleifen hatte er also die fehlenden 0,355 Carat verloren! Abgesehen davon, dass damit offenbar wurde, dass man schon *vor* 1960 die Technik der Bombardierung anwenden konnte, wurde nun auch deutlich, dass der Deepdene von Winston in betrügerischer Weise als farbecht verkauft worden war – ebenso wie eine Reihe anderer Diamanten, die Pough für ihn »behandelt« hatte.

Für meinen Vater waren das keine guten Nachrichten. Zwar wusste er nun, woran er war und dass der Streit der Professoren ein Ende nehmen konnte, aber er wusste jetzt auch, dass der legendäre Diamant keineswegs natürlich goldgelb war, wie es das »Diamond Dictionary« 1939 – irrtümlich – vermerkt hatte. Auch die Erinnerung von Mrs. Bok hatte getrogen. Ursprünglich hatte der Diamant in der Tat eine gelbliche Färbung, aber sein Leuchten war weniger attraktiv als nach der »Behandlung« durch Dr. Pough.

Nun herrschte also Klarheit. Die künstliche Farbveränderung hatte es gegeben, was der Schweizer, der den Stein an meinen Vater und Herrn Kasper verkauft hatte, genauso wusste wie fast alle Beteiligten, denen sich Dr. Pough bereits früher offenbart hatte. Danach wurde unser Vater immer wieder einmal auf die verwickelte Geschichte angesprochen, auch auf die »Mitbesitzer« aus den Kasper- und Prückl-Clans, worauf er mit einem guten jüdischen Witz antwortete: »Ein Jude verrät seinem Freund, dass dessen Frau fremdgeht. Darauf antwortet der Freund: Nun ja, aber ich bin lieber zu 50 Prozent an einer guten Sache beteiligt als zu 100 Prozent an einer schlechten.«

Nach dem Tod meines Vaters 1992 übernahmen mein Bruder und ich die Verantwortung für den Deepdene, der inzwischen zu unserer Familie gehörte. Und immer wieder hörten wir auf Umwegen von unserem »Miteigentümer«, der über dubiose Mittelsmänner den Stein zu verkaufen versuchte. Aber daraus wurde natürlich nie etwas.

Eine eigenartige Geschichte war die: Eines Tages bot uns ein amerikanischer Händler einen Diamanten von 104 Carat an – für 10 Millionen Dollar. Das konnte nur der Deepdene sein, dachten wir und schlugen spaßeshalber vor, den Stein in den USA besichtigen zu wollen. Daraufhin beriet sich der Händler mit seinem Vorhändler, denn er hatte den Stein ja nicht; der war, wie wir wussten, bei uns im Safe der Bank in Frankfurt. Bald danach rief der Händler zurück und sagte: »Mr. Friedrich, eben habe ich mit meinem Partner gesprochen und Ihren Namen erwähnt. Der sagte nur *you idiot.* Sagen Sie, wie kann ich das verstehen?«

Der Diamant begleitete uns durch die 90er Jahre und wir waren froh, dass wir ihn hatten. Wir nahmen ihn auf Reisen mit und er war mit uns bei diversen Schmuckausstellungen in Istanbul, Tokyo, Saudi-Arabien und New York. Und immer war er ein willkommener »Türöffner«. Im Brenners Park-Hotel in Baden-Baden stellten wir ihn in einer ganz besonderen Vitrine aus, wo der Stein sich auf einer drehbaren »Bühne« präsentierte: Alles Licht in seinem Umfeld wurde gelöscht, so dass er ganz alleine brillieren konnte.

Eines Tages tauchte dort ein berühmter arabischer Milliardär auf. Er betrachtete den Deepdene und fragte nach dem Namen des Steins. Ich scherzte: »Sie können ihn gerne den Friedrich-Diamanten nennen.« Daraufhin nahm er den Stein in die Hand und sah ihn lange an – um ihn mir dann plötzlich lässig zurückzuwerfen. Der Deepdene segelte durch die Luft, und gottlob konnte ich ihn fangen. Mir wird heute noch flau, wenn ich mich daran erinnere: Wäre der Diamant auf den Marmorboden gefallen, wäre er vielleicht in tausend Stücke zersprungen.

Schließlich ließen wir den Deepdene in unserem Atelier mit schönen Perlen und weiteren Brillanten kombinieren. Ein wundervolles Halsbandcollier entstand, das

Objekt der Begierde vieler wurde. Es war ein so besonders eigenwilliges wie teures Schmuckstück. Obwohl wir den Stein natürlich viel lieber behalten und verkauft hätten, nahm sich auf Druck von Seiten Kaspers 1997 dann doch das Auktionshaus Christie's wieder des Diamanten an; am 20. November 1997 wurde das Collier in Genf für 1,25 Millionen DM an unseren Londoner Kollegen Laurence Graff verkauft. Für ihn war es ein gutes Geschäft, und auch für uns nahm nun die Geschichte um diesen Diamanten ein gutes und versöhnliches Ende. Der Erlös war nicht übel, aber über die vielen Jahre hatte unsere Familie Unsummen für Gutachten und Rechtsstreitigkeiten ausgegeben – vom Nervenaufwand für uns alle nicht zu reden.

Später verkaufte Laurence Graff den Deepdene an die Schriftstellerin Danielle Steele in San Francisco. Er ist nun einer ihrer Lieblingsdiamanten, wie Laurence Graff heute zu berichten weiß. Frau Steele muss es wissen. Zu ihren erfolgreichen Titeln (ihre Bücher werden in der ganzen Welt gelesen und gekauft; die Gesamtauflage liegt bei über 530 Millionen) gehört der Roman »Juwelen des Schicksals«.

Unter Löwen

Meine Eltern hatten 1959 – neben dem Kaiserkeller in Frankfurt – ihr neues Geschäft eröffnet, das wegen des eigenen Gartens und der ausgetüftelten Sicherheitsanlage als das modernste Geschäft seiner Art galt. Kurz nach der Eröffnung bekamen sie Besuch von Kaiser Haile Selassie aus Äthiopien, der sich als »Privatmann« in Deutschland aufhielt. Der Negus, wie man ihn nannte, kam in Begleitung seines Botschafters, ohne auch nur einen Sicherheitsbeamten. Damals war, wie man heute meint, die Welt noch in Ordnung.

Unser Vater zeigte Haile Selassie alle seine Schätze und wurde danach vom Kaiser in die Suite des Hotels Steigenberger eingeladen. Dies war der Beginn einer sehr engen und persönlichen Beziehung zwischen ihm und dem Kaiser aus Äthiopien. Bald danach wurde unser Vater nach Addis Abeba eingeladen. Mit einem Diplomatenpass und seinem Schmuckkoffer flog er in die ferne Stadt, was damals ein großes Abenteuer war, um das ihn seine Freunde beneideten. Am Flughafen von Addis Abeba wurde er von einem Fahrer abgeholt und in das Gästehaus des Menelik Palastes gebracht. Dort wurde ihm ein Gemach zugewiesen, in dem er sich ausruhen sollte.

Von diesem Gemach blickte unser Vater in einen wundervoll angelegten Garten und bekam schon nach kurzer Zeit der Ruhe Lust auf einen Spaziergang. Er verließ sein Zimmer und ging, begleitet von einem Diener, auf ein Tor zu, das in den Garten führte. Bevor er es öffnete, wies ihn der Diener darauf hin, dass er auf die Löwen aufpassen müsse, die draußen frei herumliefen, was wiederum Vater bewog, auf seinen Spaziergang zu verzichten und in sein Gemach zurückzukehren.

Am Morgen des nächsten Tages erschien ein Diener in feinem Livrée, um die Bestellung für das Frühstück aufzunehmen. Er sprach allerdings weder Englisch noch Französisch, weshalb unser Vater, der ein weiches Ei haben wollte, sich einer Art Zeichensprache bediente. Unter Gegackere hockte er sich wie ein Huhn hin und führte die Hand zu seinem Gesäß, um dem Diener zu verdeutlichen: »Bitte ein Ei – und dieses weich gekocht.« Für das »weich gekocht« zeigte Vater mit den Fingern die Zahl fünf an: Damit war also das Fünf-Minuten-Ei perfekt bestellt. Der Diener verbeugte sich und brachte nach einiger Zeit statt des gewünschten Eis – fünf ganze Hühner.

Gegen Mittag erschien der Sekretär des Kaisers. Er sprach hervorragend Englisch und bat um den Koffer mit den Juwelen. Unser Vater weigerte sich jedoch: »Ich möchte diesen Koffer dem Kaiser persönlich vorführen und zu den einzelnen Schmuckstücken etwas sagen.«

Ohne seine Frau Eleonore wäre Karl Friedrich nicht so erfolgreich gewesen. 1959 besuchte ihn der Kaiser Haile Selassi mit seiner Familie. Darauf folgte die erste Einladung nach Addis Abeba an den kaiserlichen Hof.

Das gehe nicht, antwortete der Sekretär, der Kaiser wolle den Koffer erst einmal für sich alleine haben. Unser Vater musste sich also fügen und übergab dem Sekretär den Koffer, hoffend, dass der den Schmuck dem Kaiser bringen würde.

Es verging Stunde um Stunde, und unser Vater blickte wieder und wieder aus dem Fenster, sah aber nur die frei laufenden Löwen – keinen Menschen weit und breit. Natürlich machte er sich tausend Gedanken, was alles mit seinem Schmuckkoffer geschehen sein mochte. Am Abend erschien der Diener und brachte das Abendessen. Die Frage nach dem Schmuckkoffer aber konnte er nicht beantworten.

Nach einer schlaflosen Nacht wurde unser Vater am frühen Morgen zum Palast des Kaisers geführt. In langer Reihe standen da die Minister, zu denen sich Vater gesellte. Nachdem der Negus den Saal betreten hatte, fielen alle Männer vor ihm auf die Knie und küssten die Füße des Herrschers. Unser Vater tat dies auch – wohl das einzige Mal in seinem Leben.

Nach dieser Zeremonie wurde Papa an den Thron geführt, auf dem Kaiser Haile Selassie in seiner ganzen Pracht, geschmückt mit den höchsten Orden seines Landes, Platz genommen hatte. Wieder verbeugte sich unser Vater vor dem Kaiser und räusperte sich, um jetzt den Potentaten anzusprechen, da deutete Haile Selassie auf den unweit von ihm stehenden Schmuckkoffer und nickte. Dann wurde unser Vater von zwei Dienern aus dem Saal geleitet.

Kurz danach saß er wieder in seinem Gemach – und wieder begann die Warterei. Es wurde Essen gereicht, aber dadurch verkürzte sich die Wartezeit nur ein wenig. Am späten Nachmittag endlich erschien der Sekretär und bat unseren Vater, die Preise der einzelnen Juwelen aufzuschreiben – was er auch umgehend tat. Ungeduldig wollte er noch wissen, wie er das Nicken des Kaisers deuten sollte, erhielt darauf aber keine Antwort. Doch nach einer Stunde kam der Sekretär zurück und sagte nur einen Satz: »Der Kaiser nimmt den ganzen Koffer.«

Unser Vater griff sofort zum Telefon und überbrachte uns Frankfurtern die freudige Botschaft, wobei er hinzufügte, dass einige der Schmuckstücke noch geändert werden müssten. Dem Kaiser hatte Vater ausrichten lassen, dass er, da er für alle Juwelen einen Zollpassierschein (Carnet) hatte, den ganzen Schmuck wieder nach Deutschland bringen musste.

Wohlbehalten kam Vater mit Geschenken aus Äthiopien in Frankfurt an. Uns Kindern hatte er aufklappbare Reisealtäre aus Holz mitgebracht, auf denen der Heilige Georg, der einen Drachen tötet, abgebildet war. Dazu muss man wissen, dass damals der Kaiser Haile Selassie und die Mehrheit der Äthiopier der Äthiopischen Orthodoxen Kirche angehörten.

Die Rechnung über den ganzen Schmuck wurde alsbald von der Bonner Botschaft beglichen, nachdem unser Vater die Juwelen in die Bundeshauptstadt gebracht hatte.

Drei Monate danach stand wieder ein Besuch des Kaisers in Deutschland an. Der Negus Negesti, wie der Kaiser auch genannt wurde, stieg mit seiner Tochter im Steigenberger Europäischer Hof in Baden-Baden ab. Ich war sieben Jahre alt und durfte nun mit meiner Mutter dorthin fahren, um Haile Selassie noch einen Ring, der völlig neu gearbeitet werden musste, zu überreichen. Davor allerdings hatte unser Vater uns nach Bonn in die äthiopische Botschaft gefahren, wo meine Mutter den richtigen Hofknicks und ich den richtigen Diener zu üben hatten.

Und dann waren wir in Baden-Baden. Wir mussten in einem großen Raum warten, bis der Kaiser den langen Gang von seiner Suite her uns entgegenkam und vor uns stehenblieb. Meine Mutter machte den Hofknicks formvollendet mit einem großen Schwung nach hinten und einer tiefen Verbeugung nach vorne. Und ich klappte vornüber – mein Diener reichte fast zum Boden. Alles klappte, so wie wir es in Bonn gelernt hatten. Und ich bekam sogar ein Geschenk von Tenagne Worg, der Tochter des Kaisers: eine alte Goldmünze mit dem Abbild des Negus, der eine dreifache Krone trug, auf der Vorderseite und dem »Löwen von Judah« auf der Rückseite.

So war ich schon als Kind einem leibhaftigen Kaiser begegnet.

Barbra Streisand

Am 24. März 1984 klingelte bei uns in Frankfurt das Telefon. Es war der Portier des Brenners Park-Hotels, der mir versicherte, eine »sensationelle Kundin« sei interessiert an einigen unserer Schmuckstücke. Besonders gefalle ihr wohl unser antikes Lorgnon, eine aus dem frühen 19. Jahrhundert stammende Lesehilfe. Wer die Dame denn sei, blieb vorerst unbeantwortet, der Portier durfte darüber am Telefon nicht sprechen. Ich machte mich also auf und fuhr mit einem Koffer voller Juwelen nach Baden-Baden.

Im Hotel führte man mich in eine Suite und dort saß mit wild zerzausten Haaren – einem zu jener Zeit recht außergewöhnlichen »Afro-Look« – eine Dame auf einem Frisierstuhl, die ich auf den ersten Blick erkannte: Barbra Streisand. Sogleich fielen mir ihre extrem langen, gepflegten Fingernägel auf. Sie waren so lang, dass sie ihre Kaffeetasse nur mit beiden Händen halten konnte, da die Nägel ihr sonst im Weg gewesen wären.

Barbras Aufmerksamkeit richtete sich sofort auf das diamantenbesetzte Lorgnon. Es war ein innovatives Modell, aus Horn gearbeitet und ausgestattet mit einer Feder am Stiel, mithilfe derer die Gläser auseinander- und wieder zusammengeschoben werden konnten. Sie sei eine Sammlerin, versicherte mir die berühmte Schauspielerin und Sängerin und erkundigte sich, ohne eines der anderen Schmuckstücke überhaupt nur anzusehen, nach dessen Preis.

»Das Lorgnon kostet Sie überhaupt nichts, wenn Sie es heute Abend bei ›Blacky‹ Fuchsberger in *Auf Los geht's los* vor allen Zuschauern herausholen, aufklappen, hindurchschauen und sagen: Das ist von Juwelier Friedrich.« Zu meinem Erstaunen sagte sie prompt zu und begann, ihren abendlichen Fernsehauftritt zu üben.

Dank ihrer langen Nägel erwies sich das als gar nicht so einfach: Recht grob nahm sie die Lesehilfe zwischen Daumen und Zeigefinger, zog unsanft an der Feder und hielt sie sich vor die Augen. Mit starkem amerikanischen Akzent verkündete sie: »Das ist von Jubilar Freidrich.« Nächster Versuch: »Juweler Friedreich.« Und dann: »Juwelier Freidreich. Jubilar Fredritch. Juweler Frichrich.« Bis zu diesem Moment hatte ich nicht gewusst, was man alles aus unserem Namen machen konnte. Jedes Mal zog sie dabei an der Feder des Lorgnons – auf und zu, auf und zu. Ich nahm ein Blatt Papier und schrieb darauf in Großbuchstaben: JUWELIER FRIEDRICH. Erneut versuchte sie, die zwei Wörter richtig auszusprechen.

Dabei ging Barbra im Zimmer auf und ab, sah mal aus dem Fenster, dann wieder zu mir, bestellte einen weiteren Kaffee – und probte und probte. Immer wieder zog sie an der empfindlichen Feder, bis dies geschah: die Feder des Lorgnons brach. Und die Brillengläser baumelten betrübt in ihren Halterungen. Das war es also mit meiner Idee – die kostbare Lesehilfe würde an diesem Abend nicht gemeinsam mit Barbra Streisand im Rampenlicht stehen.

Auf dem Weg zu ihrem Wagen, der sie nach Offenburg bringen sollte, wo die Show stattfand, fragte sie mich, was sie nun zu tun hätte. Ich schlug vor, sie solle Herrn Fuchsberger bitten, sie danach zu fragen, was ihr an Deutschland gefalle. Die Antwort darauf sei simpel: »Juwelen von Friedrich.«

Ein bisschen wehmütig war mir schon zumute, als Barbra dann minutenlang unter tosendem Applaus auf der Bühne von *Auf Los geht's los* stand. Jetzt nämlich hätte sie unser wunderschönes Lorgnon präsentieren sollen – es wäre so fabelhaft gewesen, doch der Moment verstrich und sie wandte sich lächelnd Joachim Fuchsberger zu.

Während der Sendung wurde in Ausschnitten Barbras neuer Film Yentl gezeigt. Der Streifen war in den USA bereits ein großer Erfolg und sie war nach Deutschland gereist, um hier für ihn zu werben. Während Filmpassagen abgespielt wurden, konnte man im Fernsehen in einem kleinen, rechts oben eingeblendeten Fenster beobachten, wie sie sich mit Joachim Fuchsberger unterhielt. Als die Yentl-Sequenzen schließlich zu Ende waren, sagte er zu ihr: »Ich habe mich natürlich vor der Sendung gefragt, welche Fragen ich Ihnen stellen könnte, aber dass ich Sie fragen soll, was Ihnen an Deutschland gefällt, darauf wäre ich nicht gekommen.« Schließlich sei sie erst am Morgen in Frankfurt gelandet und habe bisher nur sehr wenig von Deutschland sehen können. Da Barbra ihn aber darum gebeten habe, füge er sich gerne: »Also Barbra, sagen Sie: Was gefällt Ihnen an Deutschland?« Und Barbra erwiderte fehlerfrei: »Juwelen von Friedrich!« Der nicht leicht aus der Contenance zu bringende Joachim Fuchsberger war völlig perplex und fragte erneut nach. Standhaft wiederholte sie: »Juwelen von Friedrich.« Es war eine Sensation.

Am nächsten Morgen stand das Telefon nicht mehr still. Kunden, Kollegen, Freunde – alle riefen an. Die einen erklärten, wie toll es war, andere wollten wissen, wie wir so einen Meisterstreich hatten zustande bringen können. Sogar das Fernsehen meldete sich, um sich wegen der unzulässigen Werbung zu beschweren.

Barbra Streisand in der Talkshow von Joachim Fuchsberger, hier im Studio Baden-Baden, 1984

Das Lorgnon ließ ich noch in der Nacht von dem Atelierleiter, den ich noch erreichen konnte, reparieren und brachte es am nächsten Morgen ins Brenners Park-Hotel. Barbra war so begeistert, dass sie mich sogar zu sich nach Hause einlud. Ihr Angebot habe ich leider nie wahrgenommen.

Bargeld lacht

Im Jahr 1978 hatten mein Bruder und ich ein großes Reiseziel: New York City. Mit unserem Vater waren wir oft nach Zürich, Genf und London gefahren, wo wir uns mit Händlern aus der amerikanischen Metropole trafen. Wie die von ihrer Stadt schwärmten! Bereitwillig ließen wir uns locken von Erzählungen über sagenhafte Schätze und über den günstigen Wechselkurs des Dollars.

Bis 1971 bekamen US-Bürger auf einen Dollar etwa 4 DM. Grund dafür war das im Jahr 1944 von den Siegermächten unterzeichnete Bretton-Woods-Abkommen, das den US-Dollar als internationale Ankerwährung bestimmte. Es galt die Goldparität. Der Zusammenbruch des Systems erfolgte in den siebziger Jahren: Bis 1971 konnten Amerikaner in Deutschland für wenig Geld so gut wie alles kaufen, dann gab die Bundesregierung den DM-Wechselkurs frei. Danach sank der Wert des Dollars rapide.

Nichtsahnend und mit schlechten Englischkenntnissen entschlossen wir uns also dazu, nach New York zu reisen. Ich buchte die Holzklasse im Flieger und wir erkundigten uns nach dem besten Ort zum Geldwechseln.

Bargeld lacht – dessen waren wir uns, ausgehend von unseren Erfahrungen mit deutschen Geschäften, gewiss und erzählten niemandem, wie viel Geld wir mitzunehmen gedachten.

Mit 300 000 DM in der Tasche flogen wir in die Neue Welt. Bei unserer Ankunft im Hotel – der Flug dauerte sechs Stunden – überrumpelte man uns gleich mit der Frage nach einer Creditcard. Die Angestellten schauten uns, die wir noch nie einem ähnlichen Problem begegnet waren, mit großen Augen an, ließen uns dann aber auf unser Doppelzimmer.

In der 47th Street erwarteten uns bereits Händler mit im Vergleich zu Deutschland sehr günstigem Schmuck. Wir dachten, wenn wir am nächsten Tag mit Bargeld erschienen, ließe sich der Preis sicherlich noch herunterhandeln. Denn: Bargeld lacht!

Wir gingen früh zu Bett, um am nächsten Morgen zeitig aufzustehen und eine große Bank aufzusuchen. Den Herrn am Schalter fragten wir nach einem guten Wechselkurs und nannten ihm die uns zur Verfügung stehende Summe. Der Bankangestellte konnte sich ein Lachen nicht verkneifen und fragte nochmals nach. Um unsere Absicht und Seriosität zu betonen, zogen wir 10 000 DM aus unserer Jackentasche. Der Herr hielt mit offenem Mund inne, runzelte die Stirn und riss seine Augen weit auf. Er schloss seinen Schalter und rief seinen Vorgesetzten, was uns nur recht war – wir waren schließlich keine gewöhnlichen Kunden.

Der Vorgesetzte erkundigte sich höflich nach unserem Anliegen. Er schien unsere Frage nicht zu verstehen, also holten wir, um unseren Wunsch zu unterstreichen, erneut die 10 000 DM hervor. Daraufhin wurden wir in ein Zimmer gebeten und unser Gegenüber hakte ein weiteres Mal ungläubig nach. Und woher hätten wir denn überhaupt so viel Geld? In aller Ruhe erzählten wir unsere Geschichte und verwiesen auf unsere Überzeugung: Bargeld lacht. Wer nicht lachte, war der Vorgesetzte. Unser Vorhaben sei lebensgefährlich, mit so viel Bargeld spaziere man nicht einfach durch New York, warnte er. Die Bank konnte höchstens 5 000 DM eintauschen – und das auch noch zu einem katastrophalen Kurs. In kleine, von Gummibändern zusammengehaltene Banknoten wechselte er uns dann die – im Verhältnis gesehen – klägliche Summe, die wir mühsam in unseren Jackentaschen verstaut hatten.

Die inzwischen eingeweihten Kollegen schauten uns beim Verlassen der Bank ungläubig und auch ein bisschen mitleidig hinterher.

Immer noch mit der Gewissheit, dass Bargeld lacht, machten wir uns auf den Weg zu einer anderen Großbank. Wir erlebten ein Déjà-vu: Uns erwartete das gleiche Ritual, nachdem wir unsere 10 000 DM als Beweissumme präsentiert hatten. Der Schalter wurde geschlossen und ein Vorgesetzter geholt, der uns unsere Bitte abschlug. Wieder ernteten wir beim Verlassen des Gebäudes skeptische Blicke.

In der Situation riefen wir einen Bekannten an, der bei der Deutschen Bank arbeitete und der ein wenig Zeit für uns hatte. Wir besuchten ihn im Avon Building Department und schilderten ihm unsere Not: Ihm verschlug es die Sprache. »Ihr seid wohl verrückt geworden! Dass ihr nicht schon überfallen worden seid, ist ein Wunder. Bargeld ist total out. In den USA zahlt man mit einer Kreditkarte.«

Er versuchte dann doch, uns beim Umtauschen unserer DM in Dollar behilflich zu sein. Wir mussten durch halb New York hetzen und die Kurse der Banken blieben miserabel. Bald quollen unsere Taschen beinahe über vor kleinen, mit Gummibändern zusammengehaltenen Scheinen. Unsere Jacketts bekamen wir nur noch mit Mühe zu.

So liefen wir ziellos und ohne Stadtplan in New York herum, um etwas zum Essen aufzutreiben. Die Häuser wurden dabei immer schäbiger, die Menschen immer dunkler. Wir kamen in die Nähe des Hafens und ließen uns, von Hunger getrieben, in einem Restaurant nieder, das ausschließlich von Farbigen besucht wurde. Es war nicht möglich, unser Essen gleich am Eingang zu bezahlen, so dass uns nichts anderes übrig blieb, als beim Verlassen des Restaurants ein Bündel kleiner Banknoten zum Begleichen der Rechnung hervorzuholen. Die Kassiererin zählte das Geld gar nicht erst nach, sondern schaute uns lange argwöhnisch hinterher. Verunsichert von den Warnungen vom Tage brachten wir unser Geld am Abend im Tresor des Hotels unter.

Am darauffolgenden Morgen klingelten wir mit viel Bargeld in den Taschen und mit der Absicht, ein gutes Geschäft zu machen, bei einem befreundeten Schmuckhändler. Als wir zu feilschen anfingen, fragte man uns, wie wir bezahlen wollen. »Bar!«, verkündete ich mit einem Bündel Dollar-Noten in der Hand. Der Händler sprang vom Stuhl auf, ergriff mich am Arm und zerrte mich in den hinteren Teil des Geschäfts. »Du bist wohl verrückt. Wenn uns hier einer mit Bargeld sieht, komme ich heute Nacht nicht mehr lebend aus meinem Geschäft!« »Wieso? Bargeld lacht doch!« »In den USA zahlt man mit Creditcard oder Überweisung, aber nie mit Bargeld!« Er war wahnsinnig aufgebracht.

Allmählich wurde uns klar, dass Bargeld so ziemlich das Falscheste war, was man auf eine Reise nach New York City hatte mitnehmen können.

Die 300 000 DM wurden wir bei unserem Einkauf los und wir zahlten den Betrag später bei der Bank ein, wo die Scheine zunächst auf Echtheit geprüft wurden. Im Nachhinein wunderten wir uns sehr, dass wir tatsächlich nicht überfallen worden waren. Wahrscheinlich dachten die Menschen, wir seien für die Polizei als Köder für Verbrecher unterwegs.

All diese Dinge – Kreditkarte, Klingel, Kameras und Wachtposten vor einem Geschäft – kamen mit gut zehn Jahren Verspätung nach Deutschland. Von wegen, Bargeld lacht: Auch bei uns lacht heute keiner mehr, wenn ein Kunde mit Bargeld ankommt.

Die Taucheruhr

Eine bekannte Schweizer Uhrenfirma brachte eine außergewöhnliche Taucheruhr auf den Markt, mit der man in extreme Tiefen tauchen konnte. Sie gab auch die Meerestiefe in Pascal an und erfüllte sämtliche DIN- und ISO-Normen. Von der Fachwelt wurde die Uhr einstimmig gepriesen und mit der Genfer Punze bedacht, für Kenner eine ganz besondere Auszeichnung.

Dieses Modell konnte sehr gut verkauft werden, doch mit einem Mal kamen immer wieder Uhren zurück, da sich, so die Beschwerde der Kunden, Wasser in ihnen befand. Also konnten sie nicht dicht sein – und dies trotz des Genfer Prädikats.

Daraufhin wurde das nicht gerade preiswerte Stück vom Schweizer Produzenten, der für seine Qualität berühmt war, einer eingehenden Prüfung unterzogen. Mit dem Ergebnis, dass die Uhr völlig in Ordnung war und die Dichtungen ausgezeichnet funktionierten. Man war beruhigt, behob den Schaden und gab den Kunden ihre Uhren wieder zurück. Und so konnte der Verkauf weitergehen.

Doch bald kamen die Uhren wieder gehäuft zurück – und erneut wurde beklagt, dass sie undicht seien.

Noch einmal wurde das Modell einer eingehenden – und noch strengeren – Prüfung unterzogen. Eine unabhängige Kommission brachte sie in extreme Wassertiefen, kontrollierte den Luftdruck und untersuchte alle Möglichkeiten für das Eindringen von Wasser. Doch alles war, wie schon bei der ersten Prüfung, in Ordnung. Keiner konnte sich erklären, warum in einigen Uhren Wasser war. Es gab ja auch welche, die nicht zurückgeschickt worden waren und mit denen die Kunden mehr als zufrieden waren.

So kam einer der Prüfer auf die Idee, die Träger der betroffenen Uhren zu befragen, was sie mit der Uhr anstellten bzw. angestellt hatten.

Dabei kam etwas Überraschendes heraus: Mehr als ein Drittel aller Besitzer waren Nichtschwimmer, die auf weitere Nachfragen bekannten, dass sie die Uhr beim Baden in der Badewanne trügen und ihr Wasser mit seifenartigen Zusätzen »veredelten«. Und somit war rasch klar, was auch durch zusätzliche Untersuchungen bestätigt wurde: Dieses besondere Modell vertrug kein »weiches Wasser« – und die geschmeidige Badewannenflüssigkeit konnte sich einen Weg durch die Dichtungen bahnen.

Die schöne Taucheruhr war bei allen Versuchen vor ihrer Markteinführung nur mit »hartem« Wasser getestet worden, wie es die entsprechenden Normen auch verlangten. Dass man eine Uhr für extreme Tiefen und mehr oder weniger professionelle Taucher auch in der Badewanne trug – daran hatte niemand gedacht.

Vom Porsche in den Bummelzug

Im Alter von 28 Jahren bekam ich meinen ersten Porsche – nachdem ich vorher einen VW-Käfer, dann einen Golf und schließlich einen Golf-GTI gefahren hatte. Ich war ungemein stolz und beschloss, mit dem neuen Auto zu einem uns noch unbekannten Kunden in Hamburg, der einige Schmuckstücke aus unseren Katalogen sehen wollte, zu fahren.

Hoch im Norden war ich schnell, aber in der großen Stadt fuhr ich mit dem Atlas auf den Knien, um die Straße zu finden, in der der Kunde wohnte. Ein Navi gab es damals noch nicht. Nach einiger Zeit fand ich den Wohnort, parkte meinen Wagen aber ein paar Straßen weiter weg. Ich fühlte mich unwohl, mit dem neuen Auto direkt vor das Haus zu fahren. Ich nahm meinen Schmuckkoffer und eilte zu dem Haus des Kunden, der mir das Tor zu seinem Grundstück öffnete.

Beim Kaffeetrinken präsentierte ich den Schmuck, der das Interesse des Herrn zu wecken schien. Wir sprachen dabei über ganz verschiedene Dinge, und der Kunde erzählte mir von seinem Hund, den er noch spät abends Gassi führen müsse. Das verpflichte ihn, bei jedem Wetter vor die Tür zu treten. Plötzlich und für mich unerwartet fragte er: »Sie sind doch mit dem Zug nach Hamburg gekommen, nicht wahr?« Verdutzt bejahte ich seine Frage. »Dann fahren Sie heute Abend sicher wieder zurück?«. Auch darauf sagte ich »ja«. Der Kunde sah mich an: »Dann kann ich Sie zum Zug bringen, ich muss ohnehin noch in die Innenstadt fahren.« Ich wusste nicht, was ich sagen sollte, also bedankte ich mich.

Nachdem wir bald den geschäftlichen Teil beendet hatten, fuhr mich der gute Mann zum Hauptbahnhof. Dort hoffte ich auszusteigen und mit einem Taxi wieder zu meinem Porsche zu gelangen. Aber denkste. Der freundliche Herr begleitete mich – wohl wegen meines Schmuckkoffers – zum InterCity, wartete, bis der Zug abfuhr und winkte mir noch lange nach.

Ohne Papiere, meinen geliebten Porsche zurücklassend, war ich nun also ohne Halt nach Hannover unterwegs. Dort angekommen, es war schon spät, musste ich den Bummelzug zurück nach Hamburg nehmen, ein anderer Zug fuhr nicht mehr. Dieser aber hielt an jedem Bahnhof und kam erst weit nach Mitternacht in Hamburg an. Ich musste ein Taxi nehmen, das mich in die Straße des Kunden brachte. Danach war ich noch gut zwanzig Minuten auf den Beinen, ständig in Angst, vielleicht dem Kunden und seinem großen Hund zu begegnen, bis ich endlich meinen Wagen fand.

Erleichtert sank ich in die Sitze meines Porsches, endlich war mein Hamburger Abenteuer für mich zu Ende.

Auf der Rückfahrt nach Frankfurt hatte ich reichlich Gelegenheit, über die Volksweisheit »Lügen haben kurze Beine« nachzudenken. Bei meinem nächsten Besuch in Hamburg erzählte ich diese Geschichte. Wir haben darüber herzhaft gelacht. Und der Kunde schenkte mir daraufhin einen Clown mit ganz kurzen Beinen.

Vergessen

An einem verkaufsoffenen Sonntag in der Vorweihnachtszeit betrat ein mir seit langem bekanntes Ehepaar unser Geschäft. Vor allem die Dame zeigte Interesse an einem Südsee-Perlencollier mit starken pastellfarbenen Perlen. Mein Bruder Christoph bediente sie und zeigte ihr und ihrem Mann einige Colliers. Die Dame legte eine Kette nach der anderen an, lief zum Spiegel, drehte sich vor ihm, fragte ihren Mann nach seiner Meinung und probierte eine Reihe besonders schöner Colliers an, die ihr mein Bruder reichte. Schließlich suchte er noch einen Ring aus, der gut zu einer der Ketten und exakt auf den Ringfinger der Dame passte, was meinen Bruder zu der Äußerung verleitete: »Dies ist ein Zeichen …« Das Ehepaar unterhielt sich angeregt mit meinem Bruder, und dabei bemerkte die Dame, die unentwegt am An- und Ausziehen von Ketten war, nicht, dass sie versehentlich eine Kette anließ – bei ihrer hochgeschlossenen Bluse war das auch kaum zu sehen. Christoph hatte das Versehen zwar sofort bemerkt, sagte aber kein Wort. »Wir überdenken alles noch einmal in Ruhe«, sagte die Dame und ihr Mann nickte dazu. »Am Dienstag kommen wir voraussichtlich wieder bei Ihnen vorbei.«

Als die Kunden das Geschäft verlassen hatten, erzählte Christoph, was eben mit der einen Kette geschehen war. Wir amüsierten uns köstlich, denn wir wussten, dass es sich um ein Versehen handelte – und dass die Dame zu Hause erschrecken würde, wenn sie die unbezahlte Kette an ihrem Hals entdeckte. »Hoffentlich fällt sie nicht in Ohnmacht«, war der Kommentar eines unserer Mitarbeiter.

Schon nach gut drei Stunden kam der Anruf. Völlig entsetzt konnte die Kundin vor Aufregung kaum sprechen. »Herr Friedrich, es ist etwas Furchtbares passiert – etwas, was mir noch nie im Leben passiert ist … Ich habe ein Collier von Ihnen auszuziehen vergessen und es erst bemerkt, als ich zu Hause war und meine Bluse vor dem Spiegel auszog. Da habe ich die Kette gesehen. Ihre Kette! Ach Gott, ist mir das peinlich. Ich habe die Geschichte sofort meinem Mann erzählt, der mir gesagt hat, dass ich Sie gleich anrufen soll. Die Friedrichs haben es bestimmt noch nicht bemerkt. Wir werden Ihnen natürlich umgehend das Collier zurückbringen!«

Wir hatten den Anruf erwartet und uns in etwa ausgemalt, wie es der Kundin zu Hause ergangen war. Der entsetzte Blick, ein kleiner Schrei, die Beichte vor ihrem Mann und dann die Frage: Was mache ich nur? Es war klar, dass der Dame die Sache sehr unangenehm war.

»Beruhigen Sie sich«, sagte ich, »es ist doch alles halb so schlimm. Und kommen Sie erst einmal zur Ruhe. Die Kette müssen Sie jetzt auch nicht sofort zurückbringen. Es reicht, wenn wir sie am Dienstag wieder haben – Sie wollten doch ohnehin vorbeischauen.«

Wir hatten im Laufe der Zeit eine Reihe solcher und ähnlicher Fälle. Und viele der Kunden, denen so ein Missgeschick passiert war, behielten denn auch das Schmuckstück. Besagte Dame und ihr Mann aber kauften nicht nur das vergessene Collier, sondern noch den Ring dazu, den der Kunde an jenem Sonntag ausgesucht hatte.

Das Ehepaar kam auch in den Folgejahren immer wieder zu uns ins Geschäft, und immer wieder erzählte die Dame, wie es zu ihrem Missgeschick gekommen war.

Die Teleskoplampe

Das Wetter war trüb, für den nächsten Tag war Regen vorhergesagt. Wie jeden Morgen holte sich mein Bruder, bevor er hinauf zu seinem Arbeitsplatz ging, eine große Tasse Kaffee mit Milch.

Wir hatten in unserem Geschäft zwei Etagen: Unten das Atelier, die Buchhaltung und die Mitarbeiter, oben saßen Christoph und ich. Bevor mein Bruder telefonierte, trank er stets einen Schluck Kaffee und stellte die Tasse beiseite.

An jenem Tag war viel Betrieb. Ständig musste mein Bruder die Treppe hinunter, um Kunden zu beraten, oder ins Atelier. Unter anderem brachte ein Ehepaar aus Lahr eine wunderschöne Goldkette mit antiken römischen Münzen aus unserem Atelier zum Nachsehen und Reinigen vorbei. Am späten Nachmittag wollten die beiden die Kette wieder abholen.

Mein Bruder gab das Collier ins Atelier und holte es nach einer Stunde gereinigt, poliert und nachgesehen ab, um es den Kunden später auszuhändigen. Das Collier hängte er gut sichtbar über die Teleskop-Tischlampe mit gelenkigem Kopf, die auf seinem Schreibtisch stand.

Als das Ehepaar zurückkehrte, holte Christoph die Goldkette von seinem Schreibtisch – das heißt, er wollte sie holen: Die Kette war weg, einfach weg.

Zuerst wurde ich, sein Nachbar, verdächtigt. Dann mussten alle unsere Mitarbeiter – aus dem Atelier, der Buchhaltung, dem Versand, selbst die Putzfrau und unser Fahrer – bei ihm antanzen. Niemand war an seinem Schreibtisch gewesen, niemand hatte die Kette an sich genommen. Das Collier blieb verschwunden.

Christoph beschrieb, wohin er die Kette gehängt hatte. Der Tisch wurde verrückt, jeder Stift, jedes Heft, jedes Werkzeug wurde mehrfach inspiziert. Unter dem Computer, der Tastatur, seinen Büchern, an der Notizwand und im Papierkorb wurde gesucht – vergeblich. Den inzwischen kalt gewordenen Kaffee hatte Christoph in die Küche gebracht.

Das Collier hatte so offensichtlich über der Lampe gehangen, dass es nur ein anderer hätte wegnehmen können. Vielleicht war doch jemand im zweiten Stock gewesen? Noch einmal wurden alle befragt. Umsonst.

Meinem Bruder blieb nichts anderes übrig, als dem wartenden Ehepaar, das schon eine halbe Stunde lang mit Kaffee, Tee und Gebäck hingehalten worden war, die Misere zu schildern. Zum Glück zeigten sie sich verständnisvoll: »Sobald Sie das Collier wiedergefunden haben, schicken Sie es uns einfach nach Lahr. Aber rufen Sie vorher bitte bei uns an.« Mit diesen Worten und einer weiteren Entschuldigung von uns verließen sie das Geschäft.

Mein Bruder hatte noch immer den einen oder anderen Verdächtigen im Visier – aber was half's? Die Kette war verschollen und wir machten notgedrungen einen Kostenvoranschlag für eine Neuanfertigung des Schmuckstücks. Genauso wie das Original konnte es wohl nicht werden, denn 2000 Jahre alte Münzen sind nicht gerade einfach zu besorgen, wenn überhaupt. Am nächsten Morgen wollten wir uns außerdem an die Versicherung wenden. Was würde sie zahlen, wenn das Collier de facto nicht gestohlen wurde? Uns plagten Fragen über Fragen.

Gegen Abend räumten unsere Damen meist das gebrauchte Geschirr ab, um es für die Spülmaschine vorzubereiten. Ein Aufschrei aus der Küche. Was war geschehen? In der Kaffeetasse meines Bruders lag, von außen nicht zu erkennen, das Collier des Ehepaars. Es war von der Teleskop-Tischlampe in die Kaffeetasse heruntergerutscht.

Eigentlich hätte mein Bruder beim Heruntertragen der Tasse das veränderte Gewicht bemerken müssen. Aber was sage ich? Uns sind in diesem Moment so einige Steine vom Herzen gefallen. Am nächsten Morgen riefen wir in Lahr bei unseren Kunden an. Es regnete tatsächlich – uns war's egal.

Batschkapp

Herr Schubert war ein langjähriger und guter Kunde. Irgendwann hatte er einmal etwas in unserem Geschäft gekauft, aber niemand konnte sich an ihn erinnern, so dass auch keiner wusste, wie Herr Schubert aussah. In den vergangenen Jahren hatte er regelmäßig Juwelen aus dem Angebot unserer Bücher mit dem Titel »Das Schöne bleibt« gekauft. Er rief an, erkundigte sich, was zu haben sei, schickte entsprechend einen Scheck – und die Ware ging zu ihm nach Hamburg. Es lief also prächtig mit Herrn Schubert. Zuletzt hatte er ein wertvolles Ohrgehänge geordert.

Es war der 9. Februar 1992, als ein etwa 45jähriger Herr unseren Laden im Frankfurter Hof betrat. Er trug eine rustikale Hose, ein seltsames Jackett, Turnschuhe und eine Baseballmütze – eine »Batschkapp«, wie wir in Hessen sagen. Sein Auftritt unterschied sich sehr von dem unserer üblichen Kunden, aber vielleicht war es ja ein millionenschwerer Exzentriker, der in einem Outfit herumlief, als könne er sich nicht einmal ein Straßenbahnticket leisten.

Herr Batschkapp wurde höflich begrüßt und nach seinen Wünschen gefragt. »Sie haben da«, sagte er, »im Fenster ein schönes Collier. Darf ich das mal sehen?«

»Aber gerne.« Unsere Mitarbeiterin zeigte ihm das Collier und wies ihn darauf hin, dass wir in unserem letzten Buch ein Paar Ohrgehänge hatten, die genau zu dem Collier passten, das Herr Batschkapp gerade betrachtete. Sie holte rasch das Buch und zeigte dem Kunden das Bild. Er lächelte. »Genau dieses Ohrgehänge trägt meine Frau. Es hat ein wirklich wunderschönes Spiel.«

Unserer Mitarbeiterin fiel sofort Herr Schubert ein. »Ach, dann sind Sie vielleicht der Herr Schubert aus Hamburg?« Der Herr bejahte. Dann ließ er sich noch ein weiteres Stück zeigen, kam aber rasch wieder auf das Collier zurück und sagte: »Meine Frau liegt hier im Hotel im Bett. Ihr ist nicht gut. Ich würde sie gerne mit etwas sehr Schönem überraschen.«

Mein Bruder Christoph, den man in der Zwischenzeit informiert hatte, dass Herr Schubert im Geschäft aufgetaucht war, trat nun hinzu. Er hatte keinen Einwand dagegen, dass der gute Kunde das Collier, das 38 000 DM kostete, seiner Frau zeigen könne. Herr Schubert war für uns die Seriosität in Person, »unsere Bank in Hamburg«, wie ich ihn scherzhaft nannte.

Am Abend brachte Herr Batschkapp das Collier zurück. »Leider konnte sich meine Frau dafür nicht so recht erwärmen. Aber Sie haben ja noch viele schöne Stücke. Und nachher werde ich mit meiner Frau an Ihrer Auslage vorbeigehen – wenn ihr dann etwas gefällt, komme ich morgen früh bei Ihnen vorbei.«

So freuten wir uns auf den kommenden Tag und auf Herrn Schubert, der denn auch erschien, heute mit einer karierten Batschkapp. »Meine Frau würde gerne noch einiges sehen«, sagte er, »sie wartet in unserer Suite auf mich.« Unsere Mitarbeiterin zeigte ihm einige Juwelen aus dem Fenster, und er entschied sich schließlich für vier Teile, darunter ein Wendecollier und ein Paar Kreuzband-Ohrclipse für insgesamt 482 000 DM. Er nahm den Schmuck behutsam an sich und verließ unser Geschäft mit den Worten: »Ich bin bald wieder zurück.«

Aber der Herr kam nicht. – Nie wieder.

Wir warteten und warteten. Von Stunde zu Stunde wurden wir unruhiger, so dass mein Bruder am Abend Herrn Schubert in Hamburg anrief. Sehr rasch wurde klar, dass unser »Herr Schubert« nicht der Kunde aus Hamburg war.

Ich hatte ein Gefühl im Magen, als hätte ich einen Eispickel verschluckt. Unsere Mitarbeiterin bekam einen Weinkrampf, 428 000 DM waren weg. Das konnte uns die Existenz kosten.

Umgehend informierte mein Bruder die Polizei. Wir setzten 20 000 DM Finderlohn aus, ließen die Fotos aller gestohlenen Schmuckstücke in den Zeitungen abbilden – doch ohne Erfolg. Die Polizeibeamten sagten nur: »Das ist wohl alles sehr unglücklich gelaufen!« Ja, so konnte man es auch ausdrücken.

Es war zum Verzweifeln. Da hatten das Schicksal, Zufall und Gutgläubigkeit einen bösen Knoten geknüpft: »Wenn etwas schief gehen kann, dann tut es das auch.« Aber es kam noch schlimmer: Nachdem der Fall in die Presse geraten war, bestürmten uns besorgte Kunden: »Ist mein Schmuck, den ich bei Ihnen zur Reparatur habe, überhaupt sicher?« »Wie konnten Sie nur? Das haben Sie von Ihrer Großzügigkeit!« Oder, mit etwas höhnischem Unterton: »Hätten Sie denn auch mir den Schmuck mitgegeben?« Manche Kunden beschimpften uns sogar, und uns schien, als hätte sich alle Welt gegen uns verschworen.

Natürlich waren die Schmuckstücke gut versichert: gegen Einbruch, Raub und Feuer. Aber nicht dagegen, dass wir die Juwelen einem Wildfremden mir nichts dir nichts mitgegeben hatten.

Die Fahndung nach dem Täter blieb erfolglos. Außerdem hatte die Polizei, ohne uns zu verständigen, Herrn Schubert aus Hamburg als Verdächtigen verhört. Was zur Folge hatte, dass er nie wieder etwas bei uns gekauft hat.

Bis heute wurde der Mann mit der Batschkapp nicht gefunden. Zwar haben wir den erheblichen finanziellen Verlust verkraften können, aber immer wieder denke ich an die wunderbaren vier Schmuckstücke und wüsste gern, was aus ihnen geworden ist.

Das Versteck im Wald

Es muss Anfang der 80er Jahre gewesen sein – meine Frau und ich waren wieder einmal unterwegs, um Kunden zu besuchen, die in Weil am Rhein in der Nähe von Basel wohnten. Es handelte sich um ein älteres Ehepaar, das völlig unterschiedliche Vorstellungen von Schmuck hatte. Für ihn war der Stein, für sie der Entwurf das Ausschlaggebende – und wir hatten die nicht ganz einfache Aufgabe, diese beiden Seiten miteinander in Einklang zu bringen.

Das Gespräch mit dem Ehepaar, für das wir einen Koffer voll Schmuck im Wert von etwa einer Million DM dabei hatten, dauerte länger als erwartet und war erfolgreich. Für diesen Abend waren wir mit Freunden zum Abendessen in Straßburg verabredet, wollten aber den Koffer noch zurück in unser Geschäft in Baden-Baden bringen. Unsere Freunde hatten vorgeschlagen, uns um 19.30 Uhr in Frankreich auf einem Autobahnzubringer nach Straßburg zu erwarten, von dort aus sollte es weiter gehen zu einem berühmten Sternekoch nach La Wantzenau.

Unsere Fahrt von Weil gen Norden war, kurz gesagt, mühsam. Die Autobahn war verstopft mit Tagesbaustellen, Fahrbahnverengungen und zahlreichen Unfällen. Zeitprobleme waren vorprogrammiert.

Die Ausfahrt nach Kehl erreichten wir pünktlich. Pünktlich bedeutete in diesem Fall: Nach Baden-Baden wäre es von hier aus noch über eine Stunde Fahrt gewesen, was nicht in Frage kam. Wir entschieden uns, in Richtung der französischen Grenze zu fahren – hatten allerdings noch den Koffer dabei. Und seinerzeit durfte man mit Schmuck nicht über die Grenze (das Schengener Abkommen war damals noch nicht in Kraft getreten), und am Zoll gab es keinen Tresor, den man uns hätte zur Verfügung stellen können.

Wir hatten eine wirklich große Menge Schmuck dabei. Was sollten wir tun?

Wir konnten den Koffer keinem Zollbeamten in die Hand drücken. Genauso wenig konnten wir ihn mit nach Straßburg nehmen, dazu fehlten uns die entsprechenden Ein- und Ausfuhrpapiere, ein sogenanntes Carnet. Den Koffer irgendwo abzustellen, etwa in einem Hotelsafe oder bei einem freundlichen Tankwart, war nicht möglich. Meine Frau konnte den Schmuck auch nicht einfach anlegen, dazu hatten wir zu viel mitgenommen und hätten uns am Ende noch verdächtig gemacht.

Ja, was tun? In dieser Zeit gab es ja noch keine Mobiltelefone, mit denen wir Freunde hätten erreichen können.

Inzwischen war es nicht mehr weit zur Grenze, Straßburg ließ sich schon erahnen. Es dämmerte bereits, da erspähte ich auf einer Anhöhe ein Waldstück. Ich bog von der Straße ab und steuerte darauf zu, während meine Frau mich argwöhnisch fragte, was ich denn vorhätte. Ich erwiderte: »Ich suche ein Versteck für den Koffer.« »Du spinnst!«, hieß es gleich. Meine Frau bot verzweifelt an, mit dem Koffer in Deutschland zu bleiben. Ich verwarf den Gedanken sofort und machte mich, am Waldrand angekommen, daran, ein geeignetes Gebüsch abseits des Weges ausfindig zu machen. Ich stellte den Koffer in das Gebüsch hinein und bedeckte ihn vorsichtshalber mit ein paar Handvoll Laub. Meine Frau schaute entsetzt zu, sie sprach kein Wort mehr mit mir. Nach getaner Arbeit fuhren wir ohne weitere Zwischenfälle nach Straßburg.

Das Essen im Wantzenauer Restaurant war köstlich, nur meiner Frau war, zur großen Verwunderung unserer Freunde, der Appetit vergangen.

Gegen Mitternacht endlich machten wir uns auf den Heimweg, wurden am Zoll freundlich durchgewinkt und hielten Ausschau nach der Abzweigung, die zu »unserem« Wald führte. Wir fanden das Gebüsch gleich wieder und nahmen unseren Koffer wohlbehalten wieder in Gewahrsam.

Das Vinyldach

Auf meinen neuen dunkelgrauen Golf wollte ich unbedingt ein schwarzes Dach haben, weshalb ich mir bei einem Autohaus eine schwarze Folie aussuchte, die passgenau aufs Dach geklebt wurde. Dies war, dachte ich, ein toller Gag, der mein Auto unverwechselbar machte. Die Folie hatte aber noch einen anderen Sinn: Da ich abends nach Geschäftsschluss generell einiges aufs Dach des Autos zu legen hatte, bevor ich die Wagentür aufschloss, schützte sie den Lack vor Beschädigungen. Stolz steuerte ich meinen Golf durch die Stadt.

Eines Tages brachte ein guter Kunde einen schwarzen Karton, der wie eine Schuhschachtel aussah. In diesem Karton lagen wertvolle Schmuckstücke seiner Frau, teilweise sogar Antikes, aber auch große, wunderbare Farbsteine von beträchtlichem Wert. Der Kunde bat um ein Gutachten für die Familie, denn er wollte den Schmuck seinen vier Kindern gerecht vererben.

Ich untersuchte den Inhalt des Kartons, auch mein Bruder befasste sich damit sowie einer unserer hervorragend geschulten Mitarbeiter. Gemeinsam verglichen wir unsere Ergebnisse und legten dann den in unseren Augen endgültigen Wert fest. Ich rief den Kunden an und versprach ihm, seine Juwelen heute noch nach Kronberg zu bringen.

Nach Geschäftsschluss ging ich zur Garage des »Frankfurter Hofes«, wo wir unsere Autos parkten. Ich hatte, wie eigentlich immer, eine ganze Menge in meinem Golf unterzubringen, musste aber erst die Fahrertür öffnen, was man damals mit dem Schlüssel tat, da es noch keine Zentralverriegelung und -entriegelung gab. Also legte ich alles, was ich dabei hatte, auf das Dach mit der schwarzen Folie, Zeitungen, Kataloge, meine Aktentasche sowie den schwarzen Karton mit den Juwelen. Dann öffnete ich das Auto, räumte die Sachen hinein und fuhr los.

Ich war mit ziemlichem Tempo zur Ausfahrt der Garage unterwegs und vor der letzten Biegung fuhr ich beinahe einen Fußgänger um, der auf seinen Wagen zusteuerte. Ich stoppte meinen Golf gerade noch vor dem Mann, der wütend und schimpfend auf mich losstürmte. Ich versank im Sitz meines Golfs und entschuldigte mich. Zwar schimpfte er weiter, aber zugleich zeigte er auf mein Dach und sagte: »Da liegt noch eine Schachtel« – und verschwand.

Mir blieb fast das Herz stehen. Ich stürzte aus dem Wagen, sah auf das Dach, und wirklich: Da stand der schwarze Karton auf der schwarzen Folie, war aber wegen der damals schwachen Beleuchtung im Parkhaus kaum auszumachen – jedoch erkennbar. Ich nahm die Schachtel sofort an mich, stellte sie neben mich ins

Auto und fuhr langsam nach Kronberg. Erst allmählich wurde mir klar, an welcher Katastrophe ich vorbeigeschrammt war. Wäre der Karton oben auf dem Autodach geblieben, wäre er spätestens auf der Autobahn heruntergefallen und überfahren worden – man hätte die Schachtel nie wieder gefunden. Mir wurde schlecht.

Noch heute, wenn ich an diesen Fall und meine Schussligkeit denke, wird mir ganz anders.

Die fehlende Empfangsbestätigung

Die Tochter eines sehr bekannten Mannes, der vor Jahren mit dem Auto tödlich verunglückt war, brachte uns eines Tages den gesamten Schmuck ihrer Mutter, die vor einiger Zeit verstorben war, zur Taxation. Sie hatte mehrere Geschwister, auf die der Schmuck aufgeteilt werden sollte. Sie wollte keine Bestätigung über die mir übergebenen Schätze, denn wir kannten uns seit Kindergartenzeiten und vertrauten einander. Nachdem sie mir den wertvollen Kasten übergeben hatte, verließ sie unser Geschäft.

Eine ganze Reihe der Juwelen war aus unserem Hause, und da wir die Kopien der Gutachten, die wir haben anfertigen lassen, aufbewahren, mussten wir nicht lange suchen. So konnten wir den Wert dieser Teile rasch ermitteln; für die anderen erstellten wir Wertgutachten. Dafür fotokopierten wir alle Teile des Schmucks, auch um selbst Sicherheit zu haben, und ordneten die Kopien zu den einzelnen Stücken. Unter anderem befanden sich darunter auch drei Brillanten von je drei Carat. Die Verstorbene hatte seinerzeit vier Steine gekauft, das wusste ich, maß aber der Tatsache, dass wir jetzt nur drei hatten, keine Bedeutung bei. Diese Brillanten waren von absolut bester Qualität und zu Ringen verarbeitet. Der Wert eines Rings lag bei ca. 300 000 Euro.

Nach etwa einer Woche holte die Tochter den Schmuck mit den Expertisen wieder bei uns ab. Danach vergingen keine zwei Stunden, da rief sie an und monierte, dass sie uns vier Brillantringe übergeben hätte und dass nun einer fehlte. »Ich weiß das ganz genau!«, sagte sie, und schließlich habe sie vier alte Expertisen. »Ihr müsst den vierten Brillanten noch haben!«

Ich war wie versteinert und wusste nicht, wie mir geschah. Ich sicherte der jungen Dame zu, umgehend nach dem Verbleib des vierten Steins zu forschen, obwohl ich keinen Schimmer hatte, was da geschehen sein mochte.

Zuerst suchten wir jede Ecke und jede Ritze des Tresors ab, in den wir den Kasten mit den Juwelen gestellt hatten. Wir öffneten alle Reparaturtüten, die in diesem Tresor aufbewahrt wurden, hoffend, dass der Brillant in eine der Tüten hineingefallen war. Nichts. Schließlich wurden alle unsere Mitarbeiter, die Zugang zum Tresor hatten, einzeln befragt – vielleicht hatte ja einer den Brillantring zum Diamant-Prüflabor nach Idar-Oberstein geschickt … Auch das war nicht der Fall. Wir suchten in unseren Taschen nach – ohne Ergebnis.

Ich warf mir vor, der Kundin keine Empfangsbestätigung mitgegeben zu haben, zumal wir ja diverse Kopien des gesamten Schmucks gemacht hatten; diese Kopien hätten der Dame gezeigt, was sie uns anvertraut hatte:

nämlich nur drei Brillanten. Aber ich hatte ihr keine Kopie und keine Empfangsbestätigung gegeben.

Noch einmal stellten wir das ganze Geschäft auf den Kopf. Noch einmal wurden alle Mitarbeiter aufgescheucht, um sich an der erneuten Suche zu beteiligen. Bis spät in die Nacht waren wir im Laden und gingen dann verstört nach Hause. Ich schlief nicht eine Sekunde, wälzte mich im Bett hin und her und war verzweifelt. Wo war nur der vierte Brillant?

Am nächsten Morgen fuhr ich übernächtigt ins Geschäft. Es gab keinen Weg, wir mussten die Suche nach dem verlorenen Stein fortsetzen. Am Abend klingelte das Telefon: Es war, wie mir eine Mitarbeiterin zuflüsterte, die Kundin, die mich unbedingt sprechen wollte. Ich war alles andere als erpicht darauf, mit ihr zu reden, aber was blieb mir übrig: Ich musste das Gespräch annehmen. Ich höre mich noch heute, wie ich kleinlaut »ja, bitte?« sagte – und wie mich dann die Kundin mit einer Nachricht überraschte: »Entschuldige, lieber Stephan, ich habe mich geirrt. Meine Mutter hat den Brillanten mit ins Grab genommen.«

Diebesgut als Messeknüller

Die Europäische Uhren- und Schmuckmesse (heute »Baselworld«) ist die größte Messe ihrer Art in der Welt. Mein Bruder Christoph und ich besuchten regelmäßig diese Messe – so auch im Jahre 1993.

In Basel angekommen, machten wir uns sogleich auf zu einem ersten Messerundgang. Noch war nicht allzu viel los, so dass wir uns in Ruhe die ausgestellten und angebotenen Schmuckstücke ansehen konnten. Am Stand einer englischen Ausstellerin mit bester Ware fiel uns sogleich ein Ring mit Saphiren, Brillanten und Smaragden auf, der einen verdächtig niedrigen Preis hatte: 8 000 DM. Ich blickte meinen Bruder an, er mich, und beide sagten wir gleichzeitig: »Das ist doch unser Ring!« Es gab keinen Zweifel. Vor etwa zwei Jahren hatten wir genau diesen Ring für 35 000 DM an eine gute Kundin verkauft – das günstige Angebot der Engländerin war also mehr als merkwürdig.

Ja, wir konnten den Ring eindeutig identifizieren und wir wussten auch, dass er unserer Kundin zusammen mit anderen Schmuckstücken erst vor wenigen Wochen bei einem Einbruch gestohlen worden war. Nachdem uns die Kundin über den Einbruch informiert hatte, hatten wir umgehend in den einschlägigen Fachblättern vor dem Ankauf des Diebesguts gewarnt.

Wir waren, was diesen Ring betraf, auch deshalb so sicher, weil alle Stücke, die wir verkaufen, von uns vor dem Verkauf dokumentiert, punziert und einzeln fotografiert werden; das schöne Stück war zudem leicht zu erkennen, da es hinterher noch graviert worden war.

Christoph und ich berieten uns kurz, nachdem die englische Händlerin einem Gespräch über die Herkunft des Rings ausgewichen war, und verständigten die Basler Polizei. Schon beim ersten Verhör stießen die Ermittler auf den Namen eines niederländischen Hehlers, von dem die Engländerin den Ring bekommen hatte. Bei weiteren Befragungen und Untersuchungen wurde klar, dass die Händlerin eine ganze Reihe von Schmuckstücken aus Einbrüchen besaß.

Das ganze Diebesgut konnte leider nie aufgespürt werden, aber immerhin war unsere Kundin glücklich, ihren Ring, ein paar Ohrclipse und andere Schmuckstücke wieder zu haben; auch die Versicherung war zufrieden, die bereits dabei war, den Schaden zu regulieren. Wir, Christoph und ich, erhielten von der Versicherung das Angebot eines »Finderlohns« von 8 200 DM. Wir nahmen das Geld, stockten es aber noch um 1 800 DM auf uns überwiesen 10 000 DM an die gemeinnützige Leberecht-Stiftung der Frankfurter Neuen Presse.

Vor »günstigem« Second-Hand-Schmuck aus Holland wollen wir freilich weiterhin warnen. In der Zeitung wurden wir damals von Jutta Thomasius wie folgt zitiert: »Wenn Schmuck bei uns als Diebesgut identifiziert wird, muss er ersatzlos zurückgegeben werden. Die holländischen Hehler dagegen bleiben fast immer straffrei.«

Den Besuch der »Baselworld« damals hatten wir uns jedenfalls anders vorgestellt.

Ein glamouröses Paar

Ein schon älterer Herr betrat in Begleitung einer sehr jungen Dame an einem Freitagnachmittag unser Geschäft. Er trug eine Sonnenbrille, ein glitzerndes Jackett, darunter ein offenes Hemd – und schien recht verliebt zu sein. Die junge Dame trug einen sehr kurzen Minirock und hohe Stöckelschuhe. Ein Paar, wie man es sich in einem entsprechenden Katalog zusammenstellen könnte. Der Herr war nicht unbekannt und die beiden wurden von unserem Vater bedient.

»Es soll ein schöner Brillantring sein, etwas Ausgefallenes. Der Preis spielt keine Rolle.« Der Kunde war die Großzügigkeit in Person, was von der Dame mit einer zarten Liebkosung quittiert wurde.

Ein Ring hatte es den beiden gleich besonders angetan. Er kostete 43 000 Euro und hatte auch die exakt richtige Weite für den Ringfinger.

»Wie möchten Sie bezahlen?«, fragte unser Vater den Herrn. »Herr Friedrich, ich zahle mit Scheck. Der Ring bleibt natürlich erst einmal bei Ihnen. Ich komme am Montag vorbei, und bis dahin haben Sie den Scheck geprüft. Ich hole das gute Stück für meine Freundin dann bei Ihnen ab. Übers Wochenende fahren wir nach Baden-Baden.«

Die Freundin freute sich sehr und küsste den Mann vor uns – mitten im Geschäft. Man sah beiden deutlich an, dass sie glücklich waren. Händchen haltend verließen beide das Geschäft.

Am Montag ging unser Vater gleich zur Bank, um den Scheck einzulösen. Der Bankangestellte nahm den Scheck an, stutzte ein wenig, ging dann nach hinten, kam jedoch rasch zurück und sagte, dass dieser Scheck leider nicht gedeckt sei. »Wie bitte?«. Unser Vater war fassungslos, fragte nochmal nach. Das konnte doch nicht wahr sein. Aber es half nichts – der Scheck war nicht gedeckt.

Gut, dass Vater den Ring noch hatte. Dennoch war er sehr enttäuscht.

Zurück im Geschäft wartete er auf den »Kunden«. Und der kam auch – am Nachmittag. Unser Vater stürzte auf ihn zu und wollte sogleich einen neuen Scheck. Der feine Herr aber wehrte ab: »Herr Friedrich, verzeihen Sie. Das mit dem Scheck habe ich gewusst. Aber das Wochenende mit der Dame …«

Christophs Entführung

1983 beriet unser Vater in unserer Dependance in Baden-Baden einen Kunden, der sich für Schmuck interessierte und bereits einige Aufträge hatte notieren lassen. Er rief uns im Stammgeschäft in Frankfurt an, da er noch ein paar größere – lose – Diamanten für diesen Kunden benötigte.

Es war der 13. Juni. Mein Bruder Christoph brachte die gewünschten Diamanten nach Baden-Baden. In unserem dortigen Geschäft in den Kurhaus-Kolonnaden hatte der Kunde – ein Baron von Ropütz – schon für einen außerordentlichen Betrag Ware ausgesucht. Er gab an, im Auftrag einer Familie Fugger zu handeln, und er wolle die Schmuckstücke wie die losen Diamanten kommende Woche bezahlen. Solche Kunden liebt der Juwelier. Schmuck und Edelsteine seien als Vermögensanlage gedacht, betonte er. Und bis zur Bezahlung solle die Ware bei uns bleiben. Für jedes Stück wollte er ein Gutachten haben – diesen Wunsch zu erfüllen, sagte ihm unser Vater zu, wobei die Expertisen in unserem Stammhaus in Frankfurt lagen.

Der Baron hatte ein steifes Bein und einen Gehstock mit Silberknauf. Er machte einen distinguierten Eindruck und musste ein vermögender Adliger sein. Er residierte im Brenners Park-Hotel, wo er, wie er erklärte, gut bekannt war.

Zwei Stunden später gingen mein Bruder und mein Vater von unserem Geschäft zu besagtem Hotel, in dem wir mit einigen Ausstellungsvitrinen präsent waren. Dort tauchte auf einmal der Herr Baron auf. Mein Bruder war kurz irritiert – der Herr mit dem Gehstock trug ein Toupet, und zwar ein schlecht gemachtes. Aber das musste ja nichts bedeuten.

Doch der Baron sprach mit erkennbarem Selbstbewusstsein: »Ich habe ein kleines Problem. Ich muss nach Bruchsal zu meiner Tante. Und leider hat mein Auto einen Defekt.« Dabei blickte er meinen Bruder fragend an: »Können Sie mich mitnehmen?« Christoph antwortete: »Ja, ich muss ohnehin nach Frankfurt fahren.« Der Baron nickte dankbar – und gemeinsam stiegen sie dann in den Mercedes meines Bruders, nachdem Christoph den Schmuckkoffer in den Kofferraum gestellt hatte.

Auf der Autobahn Richtung Norden kamen die beiden weiter ins Gespräch. Der Baron erzählte, dass er beim Reiten vom Pferd gestürzt sei und sich dabei auch noch das Bein verletzt habe. Christoph horchte auf, denn Pferde und Reiten waren sein großes Hobby. Begeistert erzählte er von verschiedenen Reitturnieren und von seinen Erfolgen als Dressurreiter.

Schon bald tauchte die Ausfahrt Bruchsal vor ihnen auf, und mein Bruder lenkte seinen Mercedes auf die Bundesstraße. Sein Beifahrer erklärte ihm die Route und wies mal nach links, dann wieder nach rechts und wieder nach links, die Straßen wurden immer holpriger und enger. Unversehens standen sie vor einem Kiesberg in einer gottverlassenen Gegend, kein Mensch war in Sicht. Christoph war es auf einmal unwohl. Was ging hier vor? Plötzlich zog der Herr Baron eine Pistole mit Schalldämpfer und entsicherte die Waffe.

»Aussteigen!«, befahl der Baron und öffnete den Kofferraum. Christoph bot ihm sofort an, den Schmuckkoffer zu nehmen, was sich der Baron nicht zweimal sagen ließ. »Rein mit Ihnen«, sagte er. Christoph zögerte, er hatte Angst, im Kofferraum zu ersticken. Doch der Räuber fuchtelte mit seiner Pistole herum: »Los, hier rein, sonst muss ich dich erschießen!« Christoph zwängte sich in den Kofferraum hinein, wo er sich neben einen so genannten »Fresseimer für Pferde« kauern musste. Der Gummieimer enthielt alle möglichen Utensilien für die Reiterei.

Der Räuber schlug die Heckklappe zu, übernahm das Steuer und fuhr mit unbekanntem Ziel los. Im Kofferraum fühlte sich mein Bruder, auch wenn es schrecklich war, etwas sicherer. Wenigstens kann der Kerl mich hier nicht erschießen, dachte er. Und sann darüber nach, was er tun konnte.

Da fiel ihm ein, dass er vor gut einer Woche mit seinem Auto wegen eines defekten Bremslichts bei einer Tankstelle gewesen war, wo ein Mechaniker die Birne ausgetauscht hatte. Christoph hatte dabei aufgepasst und wusste, wie man das Bremslicht ausbauen konnte. Im Dunkeln fingerte er nun so lange an den Bremslichtern herum, bis sie beide funktionsunfähig waren. Er hoffte, dass dadurch ein nachfolgendes Auto auf seinen Mercedes auffahren würde, weil die Bremslichter nicht mehr zu sehen waren. Aber nichts passierte. Verzweifelt dachte Christoph über andere Rettungsmöglichkeiten nach. Im »Fresseimer« fand er einen Schraubenzieher und eine Zange, womit er nun die Rückleuchten des Autos traktierte. Zunächst bohrte er ein kleines Loch in die Rückleuchte, danach erweiterte er die Öffnung und konnte so ein wenig nach hinten hinaus sehen.

Offenbar waren sie jetzt wieder auf der Autobahn. Christoph begann nun, durch die gebohrte Öffnung, die er vergrößerte, kleine Plastikteile und Papierfetzen hinauszuwerfen. Aber das half nichts. Christoph musste zusehen, wie die Teile, die er hinaus warf, an die Seitenbegrenzung der Autobahn oder auf den Mittelstreifen geschleudert wurden, da die Fahrbahn sich in der Mitte wölbte. Niemand nahm Notiz von seiner Aktion, obwohl durchaus Autos hinter dem Mercedes unterwegs waren.

Jetzt raste der Mercedes auf der A5 Richtung Heidelberg. Christoph gab nicht auf. Er vergrößerte das Loch im Wagenheck, griff sich das Überbrückungskabel aus dem »Fresseimer« und ließ es aus dem Loch heraushängen. Zog es wieder ein, ließ es wieder hängen. Sieht das denn niemand, dachte er verzweifelt. In dem Moment registrierte der Entführer, dass sich am Heck des Wagens etwas bewegte. Er fuhr langsamer, und Christoph ließ das Kabel los. Auf einem Parkplatz stoppte der Wagen.

Christoph hielt den Atem an. Der Entführer ging rund um das Auto, entdeckte aber nichts – dann musterte er etwas genauer das Heck, doch aufgrund der ausgeprägten Lamellen der Rückleuchte übersah er das Loch.

Die entsetzliche Fahrt ging weiter. Nun zwängte Christoph mit aller Kraft eine Hand durch das enge Loch im Rücklicht. Die scharfen Kanten und Spitzen der halb zerstörten Rückleuchte rissen seine Hand auf, die zu bluten begann. Der Wagen donnerte jetzt über eine holprige Straße, und immer wieder durchfuhren stechende Schmerzen Christophs Hand.

Der Entführer fuhr weiter, längst hatte er die Autobahn verlassen. Und Christoph schob wieder seine Hand durch das Loch. Da hielt der Mercedes an. Christoph hörte, wie eine Frau schrie: »Bei Ihnen winkt eine blutige Hand aus dem Kofferraum« und wie sie offenbar die Tür des Mercedes aufriss, die gleich darauf wieder zuschlug. Der Wagen fuhr abrupt an, stoppte aber bald darauf erneut. Und erneut öffnete jemand die Autotür. Schritte entfernten sich überaus rasch. Dann war es still – und Christoph wusste nicht, was geschehen war.

Durch das Loch im Rücklicht blickte er nach draußen und sah zwei Männer auf den Wagen zulaufen. Jetzt rief Christoph laut um Hilfe. Die Männer öffneten den Kofferraum, und plötzlich stand Christoph, der aus seinem »Gefängnis« gestiegen war, in einem Blitzlichtgewitter, um ihn herum Passanten und Reporter, die den Polizeifunk abgehört hatten und früher als die Polizei am Tatort waren.

Einer der Autofahrer, die hinter dem Mercedes her fuhren, hatte die Polizei angerufen: »Vor uns fährt gerade ein Mercedes, aus dessen Kofferraum eine blutende Hand winkt. Ich glaube, es ist nur ein Scherzartikel, eine Gummihand oder so, aber meine Frau drängt mich, bei Ihnen anzurufen. Vielleicht ist es ja doch irgendwie ernst.«

Jetzt wurde mein Bruder fürsorglich von Passanten umringt, die ihm sagen konnten, wo er überhaupt war. In Heppenheim. Und endlich kam die Polizei. Christoph berichtete, noch am ganzen Körper zitternd, den Beamten von der Entführung. Er konnte den Entführer in allen Details beschreiben – welche Hose und welche Schuhe er trug, dass er ein steifes Bein hatte und ein Toupet auf dem Kopf. Im Mercedes fand die Polizei den Stock mit dem Silberknauf, den der Entführer offenbar nicht benötigte – also war das steife Bein wohl nur vorgetäuscht gewesen. Doch der Koffer mit dem Schmuck war verschwunden.

Gleich darauf lief die Großfahndung nach dem Räuber an. Schon nach kurzer Zeit wurde ein Mann, auf den Christophs Beschreibungen passten, festgenommen. Er leistete keine Gegenwehr, äußerte sich aber nicht zu Fragen der Beamten – und den Schmuckkoffer hatte er nicht dabei.

Zuerst kam mein Bruder in ein Heppenheimer Krankenhaus, wo er medizinisch versorgt und seine Hand verbunden wurde. Da kam eine Ärztin hinzu und fragte nach einer Frau, die einen Gehörsturz erlitten hätte. Bei dieser Frau handelte es sich um die Dame, die Christophs blutende Hand gesehen und die Wagentüre aufgerissen hatte, um dies dem Entführer zu sagen. Auf dem Polizeirevier in Heppenheim kam es dann zu einer Gegenüberstellung. Christoph stand in einem verdunkelten Raum mit einer Wand, vor der sich sechs Männer aufbauten. Mein Bruder erkannte den Entführer sofort. Auch als die Gegenüberstellung mit anderen Männern wiederholt wurde, identifizierte Christoph blitzschnell erneut den Täter.

Bald darauf war mein Bruder wieder »frei« und seine Frau holte ihn, nachdem er bei der Polizei seine Aussage gemacht hatte, aus Heppenheim ab. Der Wagen blieb wegen der Spurensicherung noch am Unglücksort zurück.

Was verschwunden blieb, war der Koffer mit dem Schmuck.

Der Entführer kam in Untersuchungshaft. Es hatte sich rasch herausgestellt, dass er ein alter Bekannter der Polizei war, der schon einmal wegen eines Bankraubs im

Gefängnis gesessen hatte. Er hieß von Geburt an Stelges, hatte jedoch im Gefängnis einen Baron von Ropütz kennengelernt. Dieser war offenbar das schwarze Schaf der Familie, die ansonsten eine höchst respektable Geschichte hatte – mit Bischöfen sogar und preußischen Ministern. Nach der Entlassung aus der Haft hatte Stelges damals die Tochter des adligen Herrn von Ropütz geheiratet und den Namen »Baron von Ropütz« angenommen, wogegen die Familie protestierte, vergeblich.

Wochen später sollte es zum Prozess in Baden-Baden kommen, wobei dem mittellosen Baron ein Anwalt zugewiesen wurde, der ihm umgehend riet, die Beute so schnell wie möglich herauszurücken – nur so könne er seine Verteidigung gegen den Oberstaatsanwalt aufbauen. Da die Indizien erdrückend waren, ließ sich von Ropütz erweichen. Er erzählte, wo er den Koffer mit dem Schmuck auf seiner kurzen Flucht vergraben hatte: in einem Sandkasten eines Heppenheimer Kinderspielplatzes. Der Schmuck wurde unbeschädigt und noch in seiner ursprünglichen Verpackung wieder gefunden.

Mein Bruder, der die brutale Entführung seelisch noch längst nicht verkraftet hatte, war nun als Zeuge zum Prozess geladen. Wir alle gingen davon aus, dass der Casus schnell und einfach abgehandelt werden würde. Doch weit gefehlt. Der Baron tischte dem Gericht eine abenteuerliche Geschichte auf. Danach war die Entführung nur vorgetäuscht gewesen und er habe in Übereinstimmung mit meinem Bruder gehandelt, der ihm erklärt habe, angesichts seiner immensen Schulden frisches Geld zu brauchen. Christoph habe er bei einem Reitturnier kennengelernt, was er mit Fakten garnierte, die er aus Erzählungen meines Bruders während der Autofahrt kannte. Im Übrigen trat der Entführer äußerst selbstbewusst auf und forderte den Richter auf, ihn mit »Herr Baron« anzusprechen.

Angesichts der Lügengeschichten des Barons, eines ehemaligen Schauspielers, musste mein Bruder dem Gericht seine finanziellen Verhältnisse offenlegen. Natürlich konnte er beweisen, dass er keine Geldsorgen hatte. Zudem wies er nach, dass er an dem Tag, an dem der Baron ihn in Verden an der Aller getroffen haben wollte, bei einem Turnier in Butzbach gewesen war. Nach und nach lösten sich alle Behauptungen des Entführers in Luft auf, nachdem das Gericht Dutzende von Zeugen befragt hatte, unter anderem auch den Direktor des Brenners Park-Hotels. »Der Baron blufft doch nur, dem glaubt niemand seine Geschichten«, erklärte ein Zeuge.

Am Ende des Prozesses stand die Täterschaft des Barons außer Zweifel. Der Oberstaatsanwalt forderte sieben Jahre Haft, das Gericht ging aber noch weit darüber hinaus. Wegen versuchten Totschlags, Freiheitsberaubung und Raub wurde von Ropütz zu mehreren Jahren Haft verurteilt. Christoph hatte waffenlos den Entführer besiegt.

Doch damit war der Fall für uns noch nicht beendet. Denn einen Tag bevor der Baron ins Gefängnis

nach Karlsruhe überführt werden sollte, bekam er heftige Zahnschmerzen, weshalb er in Handschellen zu einem Zahnarzt gebracht wurde. Dort wurde er von seinen Handschellen befreit, die Polizisten warteten im Vorzimmer des Behandlungsraums. Und was geschah nun? Der Baron sprang, kaum hatte sich der Doktor einmal umgedreht, vom Behandlungsstuhl auf, stürzte aus dem Fenster und entkam.

Die Suche nach ihm blieb ergebnislos, und auch die so oft erfolgreiche Fernsehsendung »Aktenzeichen XY – ungelöst«, in der die Flucht thematisiert wurde, brachte zunächst nur unbrauchbare Hinweise ein. Bis ein Anruf beim Sender eine Spur wies – nach Bogota, Kolumbien. Dort konnte der Baron endlich festgenommen und nach Deutschland ausgeflogen werden.

Seitdem haben wir von diesem Herrn nie wieder etwas gehört. Gott sei Dank.

Ein feines Trio

Es war wieder einmal Messe in Frankfurt. An einem der Messetage betraten drei Leute unser Geschäft in der Goethestraße, eine Frau und zwei Männer. Sie waren sehr gut gekleidet, die Herren in feinem Tuch, die Dame sportlich-elegant. Ich fragte sie, ob sie Messebesucher seien, was sie verneinten. Ich hielt sie für Italiener und sprach Englisch mit ihnen. Sie waren, wie sie sagten, auf der Suche nach einer speziellen Uhr, die wir im Sortiment hatten und die ich ihnen zeigen konnte. Ich erzählte, dass auch mein Bruder diese Uhr trüge und ich dieses Modell für das beste Design hielte, was es für Stahluhren gäbe. Die Uhr gefiel den dreien auch gut, aber dann kamen sie auf Schmuck zu sprechen, der im Fenster lag, und baten darum, einen Perlenverschluss sehen zu dürfen. »Eigenartige Kunden, die von einer Uhr zu einem Perlenverschluss wechseln«, dachte ich.

Um mir dieses Stück zu zeigen, begleitete mich die Dame zum Fenster. Sie hatte wohl bemerkt, dass ich Rechtshänder bin, denn sie ging mit mir zum linken Fenster, aus dem sie ganz vorne links – direkt an der Scheibe – einen Perlenverschluss sehen wollte. Dabei stand sie dicht hinter mir. Das war ungewöhnlich, und so griff ich, gegen meine Gewohnheit, mit der linken Hand ins Fenster, um die Dame im Blick zu haben. Dieses Schmuckstück gefiel den Herrschaften, und ich wunderte mich ein wenig, dass sie es tatsächlich haben wollten. Sie bezahlten und verließen rasch unser Geschäft.

Irgendwie hatte ich ein eigenartiges Gefühl, und ich sprach mit unseren Mitarbeitern über diese in meinen Augen merkwürdigen Kunden. Da aber nichts fehlte, schenkten wir der Sache weiter keine Beachtung.

Etliche Wochen danach las ich in einer Fachzeitschrift für Juweliere über drei Personen, die in München ein wertvolles Schmuckstück gestohlen und sich ähnlich wie bei uns verhalten hatten. Es waren offensichtlich die gleichen Leute, die auch uns beehrt hatten. Wir riefen bei der Polizei an, und es stellte sich heraus, dass es sich wohl tatsächlich um diese drei Personen, die aus Osteuropa stammten, handelte.

Wieder ein paar Wochen später fuhr ich nach Baden-Baden und ging in unsere Filiale im »Brenners«. Mit einem Mal erschienen die gleichen drei Personen, die bei uns in Frankfurt waren und anschließend bei dem Kollegen in München einen Diebstahl verübten. Ich war völlig überrascht und starrte die drei so durchdringend an, dass sie erschrocken zusammenzuckten und rasch den Laden verließen. Sofort rief ich die Polizei an und berichtete, dass die drei in München gesuchte Diebe soeben bei uns gewesen seien und dass man sie sicher noch ganz in der Nähe erwischen könne. Ich bat darum, möglichst sofort zu uns zu kommen und eine Ringfahndung einzuleiten.

Die Baden-Badener Polizisten aber machten erst einmal gar nichts bzw. riefen ihre Münchner Kollegen an, um über den dortigen Diebstahl Erkundigungen einzuholen. Nach einiger Zeit riefen die Kollegen aus München zurück und bestätigten den dortigen Tathergang. Danach setzten sich die Baden-Badener in ihr Polizeiauto und fuhren zu uns. In der Zwischenzeit hatte ich mir einen Hausburschen vom Hotel geschnappt und war den Dieben hinterher gerannt. Vergeblich. Sie hatten einen viel zu großen Vorsprung. In einiger Entfernung sah ich sie in ein hellblaues Auto steigen und davon brausen. Wir, der Hausbursche und ich, machten uns erneut an die Verfolgung, in der Hoffnung, die Gangster irgendwo in Baden-Baden ausfindig zu machen. Leider blieb unsere Jagd erfolglos.

Nach etwa 45 Minuten kam ich in unser Geschäft zurück, wo gerade zwei Polizisten eingetroffen waren. Nachdem sie sich Informationen aus München beschafft hatten und jetzt wussten, dass es sich um eine nicht ungefährliche Bande handelte, ließen sie eine Ringfahndung durchführen – aber es war zu spät. Die drei Diebe waren bereits über alle Berge.

Mir war nun klar, dass ich einen riesengroßen Fehler gemacht hatte. Ich hätte, als ich die Polizei anrief, sagen sollen: »Überfall bei Juwelier Friedrich, vermutlich ein Toter im Laden.« Dann wäre die Polizei sofort erschienen und hätte eine groß angelegte Fahndung veranlasst. Mit einiger Wahrscheinlichkeit hätten sie die Diebe geschnappt. Aber wenn man in einer schwierigen oder gefährlichen Situation ist, vergisst man leicht, wie man »richtig« handeln soll.

Ein teurer Einkauf

Ein Frankfurter Banker, der mich und meinen Bruder schon als Kinder kannte, kam eines Tages mit der Bitte um einen Rat zu mir. Er reise demnächst nach Indien, sagte er, und wolle seiner Frau von dort etwas mitbringen, eine Kette vielleicht oder … Ich riet ihm zu etwas handwerklich Ausgefallenem aus Gold. Edelsteine konnte ich nicht empfehlen, es sei denn, es gäbe eine Person in Indien, der er rückhaltlos vertraue. »Sie müssen wirklich sehr vorsichtig sein«, fügte ich hinzu. »Ich selbst als Fachmann lasse sogar in Deutschland jeden Edelstein in Idar-Oberstein prüfen, bevor ich ihn kaufe. Die Fälschungsmöglichkeiten heutzutage sind sehr, sehr gut.« Mit dieser Warnung entließ ich den Banker. Und kurz danach trat er seine Reise an.

Bald nachdem er aus Indien zurück war, kam er mit seiner Frau in unser Geschäft. Er hatte eine dreireihige, starke Kette dabei, im Verlauf mit polierten roten Kugeln auf Nylon aufgezogen. Seitlich hatte die Kette zwei dekorative Silberteile und einen billigen Silberverschluss. Im Beisein seiner Ehefrau fragte mich der Banker nach dem Preis für eine solche »Rubinkette« – so jedenfalls nannte er das schöne Mitbringsel. »Wenn die Rubine echt sind«, sagte ich, »dürfte die Kette etwa 250 000 DM wert sein«.

Der Herr bat mich, noch kleine »Verbesserungen« vorzunehmen. Unter anderem wollte er einen antiken Brillantverschluss, der noch einmal 26 000 DM kostete, sowie ein altes Paar Brillanten statt der beiden Silberteile, dem Wert der Kette entsprechend. Das kam auf insgesamt 76 000 DM. Da die Kette außerdem zu lang war, sprachen wir über die notwendige Kürzung – es gab also Arbeit. Die Frau des Kunden hatte aufmerksam zugehört, zu allem genickt und verließ dann das Geschäft, um Besorgungen in der Stadt zu machen.

Der prominente Banker blieb noch eine Weile im Geschäft, in erster Linie, um über das Finanzielle zu sprechen und eine Anzahlung zu leisten. Ich nutzte die Gelegenheit, um ihm jetzt, da er alleine war, meinen Zweifel an der Echtheit der »Rubin«kette vorzutragen. Ich zweifelte aus zwei Gründen: Erstens waren die Kugeln von einer tollen Qualität, aber durchbohrt; so qualitativ hochwertige Kugeln durchbohrt man nicht, man facettiert vielmehr den Stein, um einen höheren Preis zu erzielen. Zweitens passten die Silberteile an der Kette nicht im Geringsten zum Wert der Kette.

Der Banker aber lächelte mich treuherzig an und sagte: »Stephan, ich war in einem der ersten Geschäfte in Neu-Delhi, einer meiner zuverlässigsten Mitarbeiter hat mir den Kontakt vermittelt. Der Juwelier dort hat mir versichert, dass dieses Schmuckstück in Europa mindestens das Fünffache kosten würde. Ich habe umgerechnet 30 000 DM dafür bezahlt, da kann man doch nichts sagen, oder? Im Übrigen habe ich auch ein Gutachten über dieses Collier. Ich kann es gerne vorbeibringen, wenn ich die Kette wieder abhole.«

»Nun ja«, erwiderte ich. »Ich frage mich nur: Warum kommt denn der indische Juwelier nicht mit einem preiswerten Flugticket nach Deutschland, wenn er die Kette hier für 150 000 DM verkaufen könnte?« Der Banker schmunzelte, als er unser Geschäft verließ.

Sogleich beschriftete ich eine Tüte mit allen Angaben zu diesem Collier und ließ die Kette in der Tüte umgehend zur Post bringen – zur Überprüfung nach Idar-Oberstein.

Schon nach zwei Tagen bekam ich eine Auskunft: Die Steine der Kette waren farblose Korunden, die man rot lackiert hatte. Dazu muss man wissen, dass Korund das Mineral ist, welches durch Chrom in der Erde zum roten Rubin wird oder durch Eisen zum blauen Saphir. Korunde gibt es auch in fast allen Farben, aber diese hier waren farblos und einfach nur lackiert. Farblose Korunde wurden früher gerne als Ersatzdiamanten verarbeitet. Meine Zweifel waren also alles andere als unberechtigt gewesen.

Nach einer Woche erschien unser Kunde wieder im Geschäft und fragte freudig nach seiner »Rubin«kette. Triumphierend legte er mir ein Dokument mit mehreren Siegeln, Marken und Unterschriften vor, das in großer Schrift und auf Englisch die Echtheit des Colliers bestätigte und das die einzelnen Kugeln und deren Gewicht, die Silberteile sowie den Verschluss genau beschrieb. In ziemlich kleiner Schrift stand aber da, dass es sich bei den Steinen um farblose, echte Korunde handle, die rot gefärbt seien. Ich wollte meinem Kunden nicht zu nahe treten, aber ich musste vermuten, dass er das Dokument in Neu-Delhi nicht wirklich studiert hatte, vielleicht auch irritiert von den vielen Siegeln und Unterschriften auf dem Papier. Ja, die Kette war aus farblosen Korunden und hatte mit den Silberteilen einen Wert von etwa 3000 DM. Das nun konnte ich nicht verschweigen.

Der Kunde war sprachlos. Nach kurzer Zeit hatte er sich jedoch wieder gefasst und sagte nur: »Du darfst auf keinen Fall etwas davon meiner Frau sagen!«

Ich habe bis zum heutigen Tag geschwiegen. Die Frau des Bankers aber hat das Collier immer stolz getragen und jedem erzählt, welch gutes Geschäft ihr Mann mit diesem Schmuck aus Indien gemacht hatte.

Eine Bemerkung will ich hier aber doch machen: Wer aus dem Urlaub Edelsteine oder sonstigen Schmuck mit nach Hause bringt, sollte den Urlaub mit all den schönen Erinnerungen im Gedächtnis behalten, den Schmuck tragen und zu Hause niemals einen Juwelier nach dem wirklichen Wert der Stücke fragen.

Wer ist Herr Nielsen?

Meine Frau und ich waren in den Wochen vor unserer Hochzeit immer wieder mit Planungen für den wichtigsten Tag in unserem Leben befasst. Unser Vater hatte den Frankfurter Dom für uns organisiert und wollte als musikalischen Höhepunkt den Tölzer Knabenchor buchen, was allerdings aus Zeitgründen nicht möglich war. Was nun? Musik sollte sein …

Just in diesen Tagen kam der Opernsänger Robert Hale in unser Geschäft in der Kaiserstraße, den ich als »Wotan« in Richard Wagners »Ring des Nibelungen« kannte. Er suchte eine Uhr für seine Frau, die diese noch ansehen und anprobieren sollte. Sie käme, sagte er, in ein paar Tagen zu uns.

Zwischenzeitlich war ich – beim Denken an die Hochzeitsmusik – in mich gegangen und wünschte mir einen Sänger. Meine Frau dagegen wollte unbedingt eine Sängerin. Eine Freundin, die in der Opernwelt zu Hause war, nannte uns eine Sängerin aus Frankfurt, Inga Nielsen. Gut. Ich rief bei Frau Nielsen an. Ja, sie hätte das gerne gemacht, sagte sie, aber zur genannten Zeit habe sie ein Konzert in Berlin. »Aber mein Mann kann singen«, betonte sie, »der hat auch Zeit.«

Nielsen? Ich kannte keinen Sänger namens Nielsen.

Kurz danach kam Frau Nielsen ins Geschäft und fragte nach der Uhr, die ihr Mann für sie ausgesucht habe. Alle Angestellten und schließlich auch ich suchten die Uhr, wir konnten aber nichts finden, was auf den Namen »Nielsen« zurückgelegt war. Wir suchten – bei Reservierungen, fertigen und unfertigen Juwelen, im Atelier, bei Lieferanten, überall –, doch nirgends war die Uhr. Auch konnte sich niemand an einen Herrn Nielsen erinnern.

»Ich bin doch hier bei Friedrich, oder?«, fragte Frau Nielsen lachend, und während die Uhr gesucht wurde, sprachen wir über ihre jüngsten Partien und über ihren Mann: »Ich habe Ihnen ja bereits gesagt, dass er hervorragend singen kann, und an dem Tag, an dem Sie heiraten, ist er auch in Frankfurt.«

Da das gesuchte Stück einfach nicht auftauchen wollte, verließ Frau Nielsen das Geschäft, um, wie sie sagte, bald mit ihrem Mann vorbeizukommen. Umgehend erkundigte ich mich bei Freunden nach dem Sänger Nielsen, aber niemand wusste etwas von ihm oder über ihn. Er war in etwa so rätselhaft wie die Uhr, nach der seine Frau gefragt hatte.

Wir waren ratlos. Einen Sänger, den niemand kannte und den wir noch nie gehört hatten, wollten meine Frau und ich nicht haben. Und so beschlossen wir, Frau Nielsen zu sagen, dass wir uns inzwischen anders entschieden hätten und weder eine Sängerin noch einen Sänger im Dom haben wollten.

Drei Tage später kam Frau Nielsen wieder ins Geschäft – dieses Mal in Begleitung. »Darf ich Ihnen meinen Mann vorstellen?«, fragte sie.

Da fiel es mir wie Schuppen von den Augen. Vor uns stand Robert Hale, und Robert Hale war der Mann von Inga Nielsen – beide hatten demnach ihre »Sänger-Namen« nach der Hochzeit behalten.

Natürlich fanden wir sofort die Uhr und passten sie Inga Nielsen an. Nach all den Missverständnissen tranken wir ein Glas Champagner miteinander und verabredeten umgehend, dass Robert Hale zu unserer Hochzeit singen sollte.

Das ist jetzt viele Jahre her. Aber noch heute habe ich die wunderbare und gewaltige Stimme dieses Mannes im Ohr, wenn ich an unsere Hochzeit im Dom denke.

Ein Prinz kauft ein

Ein freundlicher und sehr diskreter Araber betrat unser Geschäft in der Kaiserstraße, um, wie er sagte, für seine vier Töchter Schmuck zu kaufen, die ihn, zusammen mit seiner verschleierten Ehefrau, begleiteten – die Töchter halb verschleiert. Wir zeigten der arabischen Familie unsere Bücher, in denen die schönsten Kreationen abgebildet waren, und danach wurden die Juwelen hin und her getragen und von den Frauen in hervorragendem Englisch kommentiert. Das eine gefiel, das andere nicht, und am Ende ging es um vier Garnituren, die wir aus verschiedenen Schmuckstücken zusammengestellt hatten.

Der Vater lächelte und äußerte eine Bitte: ob er denn unser Atelier sehen könne, von dem wir wiederholt gesprochen hatten, da die vier Garnituren aus eben dieser Werkstatt stammten. Wir zierten uns ein wenig, da ein Juwelieratelier in der Regel nicht einladend ist und die Werkbänke meist unordentlich sind und die Goldschmiedinnen und Goldschmiede Jeans tragen und einfache Pullover – und außerdem sehen Juwelen, die im Atelier bearbeitet werden, immer irgendwie grau und unschön aus. Trotzdem: Der Araber bestand auf seiner

Bitte und wir führten ihn ins Atelier. Für unsere Goldschmiedewerkstatt aber war dies eine besondere Auszeichnung, da sie ja von »normalen« Kunden eigentlich nie besucht wurde.

Danach verabschiedete sich der arabische Herr und verließ mit seinen fünf Frauen das Geschäft – ohne uns einen Auftrag erteilt zu haben. Wir waren enttäuscht, hatten wir doch gehofft, nach drei Stunden Präsentation mit Kaffee, Tee und Gebäck wenigstens eine Garnitur verkaufen zu können.

Ein paar Stunden später meldete sich ein sogenannter Sekretär bei uns am Telefon. Er sprach Englisch und sagte: »Heute Morgen war HRH Prince Faisal bei Ihnen im Geschäft. Sie haben ihm vier Garnituren gezeigt, die er nun kaufen und nach Saudi-Arabien mitnehmen möchte. Er wird sie von dort aus bezahlen. Es wäre schön, wenn Sie sich rasch entscheiden könnten, der Prince fliegt heute Abend noch nach Riad zurück.«

Wir fragten, ob der Prinz eine Ausfuhr machen wollte. Immerhin würde er dabei 16 Prozent Mehrwertsteuer sparen. »Natürlich«, war die Antwort. Kurz entschlossen sagten wir »ja«. Wir ließen uns den genauen Namen und die Adresse des Prinzen geben sowie alle weiteren Daten, die für eine Ausfuhr von Schmuck aus Deutschland nötig waren. Kurz danach waren wir mit den vier Garnituren unterwegs zum Flughafen, wo wir den Sekretär an einem verabredeten Ort trafen. Er nahm die Ware an und kümmerte sich um die Ausfuhrpapiere, die er uns nach Abstempelung durch den Zoll, der überaus penibel ist, zurückgab.

Am Abend saßen wir noch lange im Geschäft und sprachen über unsere manchmal doch merkwürdige Kundschaft. Und jetzt waren der Prinz und die Garnituren weg; das versprochene Geld würde sicher bald kommen. Es war immerhin eine halbe Millionen D-Mark gewesen.

Die ersten Nächte schliefen wir gut. Nach zwei Wochen jedoch wurden wir unruhig. Da wir keine Telefonnummer von Prince Faisal hatten, riefen wir bei der saudischen Botschaft in Bonn an, die uns die Nummer gab. Wegen der Zeitdifferenz riefen wir am frühen Morgen in Riad an, wurden zigmal verbunden und landeten endlich bei dem Sekretär. »Prince Faisal ist derzeit im Ausland«, sagte er, »ich werde Ihr Anliegen vortragen, wenn er wieder im Lande ist. Bitte, gedulden Sie sich. Dies alles kann aber noch 14 Tage dauern.«

Es vergingen zwei Wochen und dann noch eine. Es tat sich nichts. Wieder kam es zu schlaflosen Nächten – und wieder riefen wir in Riad an. Den Sekretär konnten wir nicht sprechen, dafür eine offenbar wichtige Dame, die uns aber erneut vertröstete. Sie versprach einen Rückruf innerhalb von zwei Tagen.

Nachdem wir weiter gewartet hatten und der Rückruf nicht gekommen war, blieb uns nichts anderes übrig, als die Deutsche Botschaft in Saudi-Arabien zu kontaktieren und dort um Hilfe anzufragen. Die Botschaftsleute konnten direkt nichts für uns tun, sprachen aber in höchsten Tönen über den Prinzen und gaben uns die Telefonnummer seines Büros und seiner persönlichen Sekretärin.

Diese konnten wir erreichen – und sie sprach sogar ein wenig Deutsch. Wir sagten ihr, dass wir seit sechs Wochen auf unser Geld warteten, worauf sie ganz gelassen antwortete: »Wissen Sie: Zahlungen von 100 Millionen werden innerhalb von zwei Wochen bezahlt, zehn Millionen werden dann nach vier Wochen beglichen, eine Million nach acht Wochen und Ihre 500 000 in etwa drei Monaten.«

Ich kann nur sagen: Diese Wochen und Monate haben uns einige schlaflose Nächte, viele Nerven, manch schwere Stunde und endlose Diskussionen unter uns Brüdern beschert. Aber nach dreieinhalb Monaten kam endlich das ersehnte Geld.

Unser Kunde, Prince Faisal, war einer der Söhne des saudischen Königs – und er sorgte in den Jahren danach persönlich dafür, dass uns die Türen nach Saudi-Arabien und ins Königshaus offen standen.

Einkauf per Rammbock

Früh am Morgen des 15. Dezember 2002 – einem Sonntag mitten in der Vorweihnachtszeit – stellten Arbeiter an der Kaiserstraße, Ecke Bethmannstraße eine Straßensperre auf. Direkt dahinter platzierten sie einen VW Passat, so dass die Einbahnstraße für die Sicht behindert und den Verkehr gesperrt war. Eine Polizeistreife, die zufällig an der Barriere vorbeikam, bog, wie alle anderen Autofahrer, nach rechts in die Bethmannstraße ab.

Meine Familie und ich waren an diesem Tag, einem Sonntag, schon früh unterwegs und auch wir fuhren an der Straßensperre nach rechts. Dann stellte ich meinen Wagen im Parkhaus Frankfurter Hof ab. Es war der dritte Advent. Wie jedes Jahr hatte ich an diesem Tag die Obdachlosen zu einem von uns finanzierten Essen und Konzert mit den Sängern Bata Ilic und Roberto Blanco eingeladen.

Wie später aus den Medien zu entnehmen war, machten sich die Straßenarbeiter indes in größter Ruhe daran, auf der Straße gegenüber von Juwelier Christ Schwellen aus Hartgummisockeln zum Bürgersteig hin aufzubauen.

Passanten schauten dem Treiben unbeeindruckt zu und gingen weiter. Warum auch nicht? Die innen verlaufenden stählernen Rollläden des Geschäfts waren noch verschlossen. Davor waren Panzerscheiben bis zum Boden angebracht. Da konnte nichts passieren. Dass ein, wie später berichtet wurde, gestohlenes Auto mit einem an der Vorderseite befestigten Rammbock in der Straße Am Salzhaus parkte, bemerkte zu dieser Stunde kein Mensch.

Die Arbeiter waren gegen 8.45 Uhr fertig. Sie brachten den gestohlenen Wagen in Stellung und rasten, als die Rollläden um Punkt 9.00 Uhr hinauffuhren, über die Straße, die Schwellen hinauf über den Gehweg frontal in die Panzerscheibe des Juwelierladens. Die Scheiben zerbarsten klirrend, die Panzerscheibe hatte die Rückwand zum Laden eingedrückt. Ein dekorativer Adventskranz war heruntergerissen, eine Ausstellungsvitrine lag in Trümmern am Boden. Es sah aus wie nach einer Explosion. Der gestohlene Wagen, ein Nissan Terrano, war Schrott.

Die vermeintlichen Bauarbeiter sprangen nun blitzschnell durch die zerborstene Scheibe in das Geschäft, rafften dort alles zusammen, was sie greifen konnten – Uhren und Juwelen von unermesslichem Wert – und hatten es dabei auch noch besonders leicht, denn die Schaufenster waren an der Einbruchstelle nicht durch Barrieren abgetrennt, sondern offen und begehbar. Nach nur wenigen Minuten war alles vorüber. Augenzeugen wussten nicht, wie ihnen geschah und wie sie hätten reagieren sollen. Die vier maskierten Täter entkamen unerkannt.

Natürlich heulten die Sirenen und die Polizei war sofort alarmiert. Sie kam mit Tatü Tata zum Tatort – das heißt erst einmal vor die Absperrung, ca. 200 Meter vor das Geschäft. Der Zweck der Straßensperre wurde den Beamten schlagartig klar: Sie mussten die Barriere und den dahinter positionierten VW erst beseitigen, um an den Tatort vorzudringen. Bis dahin waren die Täter über alle Berge – mit Schmuck im Wert von über sechs Millionen Euro.

Wie war es nur zu dieser Tat gekommen? Wahrscheinlich hatte es sich um die »Rosaroten Panther« gehandelt, eine Gruppe aus einem Dorf im Kosovo, die sich aufgrund des Krieges in ihrer Not zusammengefunden hatte und derartige Vergehen minutiös plante. Für die gestohlene Ware gab es bereits Abnehmer. Die Juwelen landeten irgendwo im Ausland und die »erbeuteten« Uhren wurden mit neuen Nummern versehen und verkauft. Die Juwelen wurden zum Teil ausgebrochen, umgeschliffen und weiter veräußert.

Was für ein Glück, dass sich vor unserem damaligen Geschäft der Eingang zur U-Bahn befand. Vor an gestohlenen Wagen montierten Rammböcken und deren unrechtmäßigen Besitzern waren wir immerhin sicher. Der Schreck saß uns aber allen noch lange in den Knochen.

Ich kündige!

Es gibt eine Regel, die fast schon Gesetzescharakter hat: Stelle nie ein Kind eines Kunden an, auch nicht für kurze Zeit. Es endet fast immer mit dem Verlust des Kunden und oft noch größerem Schaden.

Ich erinnere mich nicht mehr, wer bei uns dafür verantwortlich war, dass wir der Tochter eines sehr guten Kunden zusagten, für »nur« ein Vierteljahr in unserem Atelier arbeiten zu können. Sie hatte gerade ihre Ausbildung zur Goldschmiedin beendet. Doch wie auch immer: Es erschien eine freundliche junge Dame, Frau Hilbert, die einen auf den ersten Blick sehr guten Eindruck machte. Sie bekam im Atelier eine Werkbank und ihr Werkzeug, und wir besorgten ihr ein Zimmer in unmittelbarer Nähe zu unserem Geschäft. Das Atelier selbst war im vierten Stock auf der anderen Straßenseite.

In den ersten vierzehn Tagen arbeitete Frau Hilbert sehr ordentlich, dann kam sie eines Tages während der Arbeitszeit in den Laden und beschwerte sich über den Lärm in unserer Werkstatt, besonders über den Leiter des Ateliers, über den sich noch nie jemand beklagt hatte. »Der Mann hört klassische Musik«, sagte sie, »und dazu singt er lauthals.« Ich machte ihr deutlich, dass die anderen Mitarbeiter, alles erstklassige kreative Köpfe, im Atelier damit seit Jahren gut zurechtkämen. Sie müsse das leider aushalten, zumal sie doch nur relativ kurz bei uns sei. Darauf drehte Frau Hilbert sich um und ging wieder ins Atelier zurück, missmutig, wie mir schien.

Es verging keine Woche, da stand die junge Dame wieder auf der Matte, um sich erneut zu beschweren. Sie könne nicht arbeiten, es sei zu laut, sie könne sich nicht konzentrieren, irgendetwas müssten wir uns einfallen lassen. Nun ja, was blieb uns übrig: Wir kauften ihr einen schalldichten Gehörschutz.

Vier Tage danach war es aber nun der Leiter des Ateliers, der sich beschwerte. »Herr Friedrich, das mit dem Gehörschutz ist unmöglich! Wenn im Atelier etwas zu besprechen ist, muss immer einer aufstehen, um die Frau Hilbert anzustupsen, damit sie ihren Schutz abnimmt und zuhört. Denn sie hört ja nichts. Und da ein paarmal am Tag etwas besprochen werden muss, zieht sie zigmal ihre Hörer ab und zieht sie dann wieder an. So können wir nicht miteinander arbeiten!« Also ging ich mit ins Atelier und bat Frau Hilbert, die schalldichten Kopfhörer wieder abzunehmen. Dafür versprach mir der Leiter des Ateliers, die Musik etwas leiser zu stellen und selbst nicht mehr so laut zu singen. Frau Hilbert sah mich dabei mürrisch an.

Der Frieden hielt nicht lange – ganze drei Tage. Nun stand wieder Frau Hilbert vor mir, über ihrem Arm die

Werkstattkleidung und in den Händen verschiedene Werkzeuge. »Herr Friedrich«, keuchte sie, »besorgen Sie mir eine neue Arbeitsstelle. Bei Ihnen kann man nicht arbeiten, ich kündige, und zwar sofort.« Sie drehte sich auf dem Absatz um und verließ das Geschäft.

Da hatten wir den Salat: vermutlich den guten Kunden verloren – und seine Tochter auch. Dazu mussten wir ihr Zimmer kündigen, das wir extra für Frau Hilbert gemietet hatten und am nächsten Morgen die Eltern verständigen.

Unser Vater erzählte, dass er so etwas so ähnlich schon einmal erlebt hätte und dass dies nur eine Art Fortsetzung einer alten Geschichte gewesen sei. Am Abend fuhren wir erst einmal ziemlich betrübt nach Hause.

Am nächsten Morgen geschah ein Wunder: Frau Hilbert kam pünktlich ins Geschäft, stellte auf jeden Arbeitstisch wortlos eine Flasche Champagner und ein Päckchen Ohropax dazu und ging ins Atelier. Obschon sie da weiter litt, beschwerte sie sich nicht mehr. Wir aber hatten ein Einsehen und holten sie zu uns in den Verkauf. Dort blieb sie nicht nur das verabredete Vierteljahr, sondern viel, viel länger – Frau Hilbert entwickelte sich zu einer unserer besten Mitarbeiterinnen, bis sie schwanger wurde und uns dann, einige Wochen vor der Geburt ihres Kindes, verließ.

Irgendwann trafen wir Frau Hilbert wieder und unterhielten uns lange mit ihr über »damals«. Sie erzählte, dass sie nach ihrer schroffen Kündigung die ganze Nacht nicht habe schlafen können und dass ihr die Szene im Geschäft immer wieder durch den Kopf gegangen sei. Und dass sie nun eines der besten Ateliers verlassen müsse. Sie habe ihren Ausbruch bereut und nicht einmal ihre Eltern angerufen – weil sie ein schlechtes Gewissen hatte. Und uns sei sie ewig dankbar, dass wir ihr, der Tochter eines guten Kunden, damals noch eine Chance gegeben hätten.

Haltet den Dieb

Filmaufnahmen in unserem Geschäft waren keine Seltenheit. Wenn Filmleute kamen, war immer großer Aufwand angesagt und teilweise mussten wir, wenn sie ihre Arbeit gemacht hatten, das Geschäft wieder renovieren oder, freundlicher gesagt, auf Vordermann bringen. An eine Filmaufnahme aber erinnere ich mich sehr gerne.

Es handelte sich um einen Krimi, und die Szene, die bei uns gedreht werden sollte, hatte ungefähr folgenden Inhalt: Ein Soldat der US-Armee klaute in unserem Geschäft eine wertvolle Brosche, was von uns bemerkt wurde, weshalb dann der Amerikaner zur Tür stürzte – die damals noch nicht gesichert war– und beim Hinauslaufen eine ältere Dame, die gerade zur Tür hereinkommen wollte, umrannte und davon lief.

Dazu mussten vor dem Geschäft Schienen aufgebaut werden, auf denen die Kamera fuhr. Die filmte die Tat von außen durchs Fenster, das, damals ganz unüblich, total offen war: Man konnte also das Geschäft von außen überblicken. Und das Kamerateam war denn auch in der Lage, von außen den Diebstahl im Laden zu filmen.

Das Gelände, auf dem gedreht werden sollte, wurde von den Filmleuten so abgeriegelt, dass kein Passant aufkreuzen und den Ablauf der Dreharbeiten stören konnte.

Nun nahmen die Schauspieler ihre Plätze ein – und der Dreh begann. Der Amerikaner in Uniform stahl die Brosche, rannte aus der Tür ins Freie, stieß die ältere Dame um und floh. Die Szene war so echt, dass die herumstehenden Passanten total fasziniert und zugleich entsetzt waren. Einige sprangen über die Absperrung, nahmen den »Dieb« fest und riefen nach der Polizei. Einer der Passanten nahm den »Täter« sogar in den Schwitzkasten. Es verging einige Zeit, bis die Filmleute die Menschen ringsum beruhigt und ihnen erklärt hatten, dass es sich nur um einen Film handle und der Dieb nur ein Schauspieler sei.

Danach musste wieder alles wie gehabt aufgebaut werden, damit die Szene neu gedreht werden konnte. Jeder einzelne Handgriff von eben wurde wiederholt – die Kamera wurde neu positioniert, Licht und Ton überprüft und die Schauspieler frisch geschminkt. Der Aufbau dauerte gut eine Stunde. Auch die Sicherheitsbande für die Zuschauer wurde neu angebracht.

In dieser Stunde des Neuaufbaus versammelten sich wieder viele Menschen neugierig hinter der Absperrung. Die Szene wurde ein zweites Mal gedreht, und wieder stahl der US-Soldat die Brosche, rannte aus der Tür, beförderte dabei die ältere Dame zu Boden und lief davon. Die Kamera auf Schienen verfolgte ihn.

Und wie beim ersten Mal gab es Leute, die sofort über die Absperrung sprangen, »haltet den Dieb« schrien, ihn einholten und an den Ort des Geschehens zurückbrachten. Auch der Ruf nach Polizei war zu hören, das Absperrband zerriss – alles jedenfalls vor laufender Kamera.

Die Filmleute mussten die Menschen geduldig wieder von der Unschuld des Amerikaners überzeugen, alles noch einmal so aufbauen, dass auch das kleinste Detail stimmte – es durfte keinen »Anschlussfehler« geben. Erneut dauerte dies gut eine Stunde, aber jetzt klärte der Regisseur das Publikum auf, dass dies alles hier nur ein Film sei. Und nun konnte die Szene endlich in aller Ruhe gedreht werden. Der Regisseur war sichtlich zufrieden.

Gleichwohl hatten die Filmaufnahmen etwas Schönes: Es gibt doch viel mehr Menschen, die eingreifen, wenn etwas passiert, als solche, die wegsehen und weitergehen.

Meine Freunde vom Zoll

Einer unserer Schweizer Kunden lebte mit seiner Frau und drei Kindern hochherrschaftlich und elegant am Genfer See. Geschäftlich hatte er des Öfteren in Frankfurt zu tun. Was kaum ein anderer wusste – dieser Herr hatte eine Freundin, die in den Staaten lebte und ihn ab und zu bei seinen Geschäftsreisen begleitete. Er buchte stets zwei Einzelzimmer, die jedoch immer nebeneinander lagen und eine Verbindungstüre besaßen. Der Kunde hatte ganz offenbar großes Vertrauen in uns, denn er weihte uns in diese Geschichte ein. Hin und wieder kaufte er nämlich für seine Freundin großzügig Geschenke bei uns ein.

Eines Tages kam der Herr wieder bei uns vorbei, kaufte eine teure Kette sowie eine erlesene Armbanduhr für seine Freundin und besprach mit uns den Export der Schmuckstücke. Wir vereinbarten ein Treffen mit der Dame am Frankfurter Flughafen. Christoph und ich traten eine Reise nach Genf an und etwa zur gleichen Zeit flog die Freundin unseres Kunden nach New York City. Somit konnten wir uns im zollfreien Bereich des Flughafens mit ihr treffen und den Schmuck übergeben. Offiziell jedoch exportierte ich die Kette und die Armbanduhr unseres Schweizer Kunden in dessen Namen von Deutschland in die Schweiz.

Bei der Abwicklung des Exports schenkte ich dem Zollbeamten keine Beachtung. Er verschwand mit den Zollpapieren für einen Augenblick in einem Büro und übergab mir erst dann die abgestempelten Papiere. Dieses kurze Verschwinden sollte Christoph und mir jedoch später noch zum Verhängnis werden.

Kurze Zeit später überreichten wir der Freundin unseres Kunden die Kette und die Uhr – und sie gab uns die Etuis, in der die Schmuckstücke gelegen hatten, zurück, denn die wollte die Dame nicht mitnehmen. Dann warf ich die abgestempelten Zollpapiere in einen Briefkasten im Terminal ein. Somit war für uns der Export der Ware mit der Übergabe des Schmucks an die Dame abgeschlossen.

Nach unserer Ankunft in Genf stellten wir uns wie gewöhnlich in die Schlange vor der Passkontrolle und warteten mit den anderen Reisenden auf einen freien Beamten. Mein Bruder konnte beobachten, wie ein Herr, der hinter einer Säule stand, so dass ich ihn nicht sehen konnte, einem Zollbeamten ein Zeichen gab und auf mich deutete. Der Zollbeamte nickte dem Herrn hinter der Säule zu. Ich schritt mit den leeren Etuis in meiner Tasche auf den grünen Bereich der Zollkontrolle zu, der mit dem Schriftzug NICHTS ZU DEKLARIEREN gekennzeichnet war.

Als ich diesen Bereich schon fast durchlaufen hatte und mich noch auf neutralem, zollfreien Schweizer Boden glaubte, schrie mich ein Mann von hinten an: »Halt!«. Ich erschrak furchtbar und dachte in diesem Augenblick, dass ich vielleicht etwas völlig vergessen hatte, was ich beim Zoll noch hätte deklarieren müssen. Es begann wie üblich. Ich wurde gefragt, woher ich käme, ob ich etwas zu verzollen hätte, was ich in meiner Tasche hätte und ob man mal deren Inhalt sehen könnte. Als die Beamten die leeren Etuis fanden, fragten sie mich, wo denn der Inhalt sei. Nachdem ich ihnen sagte, dass ich diesen bereits in Frankfurt übergeben hätte, wollten sie wissen, an wen ich den Schmuck ausgehändigt hätte. Diese Frage beantwortete ich nicht. Daraufhin wurde ich in einen Nebenraum gebracht. Hier musste ich mich bis auf die Unterhose ausziehen, wurde eingehend untersucht und musste circa eine Stunde warten. Da nichts gefunden wurde, durfte ich gehen.

Im Ankunftsbereich des Flughafens wartete mein Bruder auf mich und berichtete mir von seiner Beobachtung – dem Mann hinter der Säule und dem Zeichen des Passkontrolleurs. Erst dann ging mir ein Licht auf. Der Zollbeamte in Frankfurt war mit meinen Zollpapieren im Büro verschwunden, um den Kollegen in Genf ein Fax zukommen zu lassen, welches mich als Exporteur auswies.

Nach dem kurzen Schreck bei dieser Ankunft in Genf nahmen Christoph und ich unseren Termin wahr und flogen am Abend wieder zurück nach Frankfurt. Wir hatten Economy-Tickets gebucht. Erstaunlicherweise bekamen wir Plätze in der ersten Reihe angeboten – und zu unserer großen Verwunderung saß neben uns der Schweizer Zollbeamte, der mich am Morgen kontrolliert hatte. Für Christoph und mich war diese Situation sehr merkwürdig. Der Flug verlief jedoch ganz normal und nach der Ankunft in Frankfurt gingen wir wie gewohnt zur Passkontrolle. Hinter der Passkontrolle sahen wir zehn Beamte stehen. Einer sprach mich an: »Sind Sie Herr Friedrich?«.

»Ja.«

Sofort wurden wir getrennt. Erst einmal kam es zu einem Verhör mit jedem von uns beiden. Kurz darauf kamen zwei Männer und nahmen uns mit in einen fensterlosen Raum. Wir mussten uns ausziehen und sogar unsere Füße hochheben, um sicherzustellen, dass wir auch dort nichts verborgen hatten. Der Höhepunkt folgte aber noch – nun sollte auch die Unterhose runter und wir mussten den Ort zeigen, den jeder ausschließlich nur dem Arzt seines Vertrauens zeigen würde. Entwürdigend! Barfuß bis zum Hals standen wir vor den Beamten! Alles dauerte eine gute Stunde – für uns eine Ewigkeit. Nachdem bei uns kein Schmuck gefunden wurde, durften wir endlich gehen.

Schweigend fuhren wir nach Hause. Dort lagen wir nicht nur ein oder zwei Nächte lang wach im Bett, sondern fast zwei Wochen lang – jede Nacht! So sehr hing uns dieser Vorfall in den Kleidern. Die Zollbeamten hatten wohl angenommen, dass wir, nachdem sie in der Schweiz am Flughafen keinen Schmuck bei uns finden konnten, die exportierten Stücke am Frankfurter Flughafen gebunkert hätten, um sie dann – illegal – wieder nach Deutschland einzuführen. Ein beliebtes Manöver bei Umsatzsteuerbetrug. Natürlich schrieben wir dem Frankfurter Zoll, der uns in der Vergangenheit häufig um Rat gefragt hatte, wenn geschmuggelter Schmuck gefunden worden war und die Echtheit nicht geklärt werden konnte, einen aufklärenden Brief. Wir hofften auf eine Entschuldigung oder auf Worte des Mitgefühls – aber leider hörten wir nie etwas …

Wenn die Spielbank ruft

Für unsere Filiale in Baden-Baden suchten wir eine neue Angestellte, die uns möglichst eine längere Zeit erhalten bleiben sollte. Ich übernahm die Vorauswahl. Im »Brenners« wollte ich mir die Damen und Herren ansehen, die sich auf die Stelle beworben hatten.

Die erste Bewerberin, die ich morgens empfing, stellte sich vor: Frau Pleines. Sie kam zwar pünktlich, aber mit stark zerzausten Haaren. Entschuldigend erzählte sie mir, dass die Scheibe der Fahrertüre ihres Autos nicht mehr richtig zu schließen sei und sie daher während der Fahrt im Windzug gesessen habe. Bei näherer Betrachtung fiel mir auf, dass Frau Pleines ein interessantes Gesicht hatte. Sie hatte eine sehr lustige, freundliche und offene Art, was mir auf Anhieb gefiel. Schon gleich nach Beginn unseres Gesprächs erzählte sie mir, dass sie zwar bei einem Juwelier in Baden-Baden arbeitete, sich jedoch einen neuen Arbeitgeber wünschte, weil sie von ihrer Chefin dort sehr schlecht behandelt würde. Frau Pleines bat mich inständig darum, bei uns arbeiten zu dürfen: »Herr Friedrich«, sagte sie, »stellen Sie mich ein, egal für welches Gehalt, meiner Chefin wollte ich immer schon zeigen, was ich kann!«

An diesem Tag kamen noch fünf weitere Personen, aber Frau Pleines sagte mir von allen Bewerbern am meisten zu. Wir stellten sie ein und zahlten ihr ein gutes Gehalt. Da Frau Pleines unverheiratet war, konnte sie auch an Sonn- und Feiertagen in unserer Filiale sein. Dies war nicht unwichtig, da in den Kolonnaden auch an diesen Tagen gearbeitet werden musste.

Über 15 Jahre lang haben wir die Entscheidung, Frau Pleines in Baden-Baden eingestellt zu haben, nicht bereut. Neben ihren Aufgaben im Geschäft hatte sie auch das »Brenners« und den Europäischen Hof zu betreuen – in diesen Hotels hatten wir Vitrinen, in denen wir unsere Schmuckstücke ausstellten.

Die Baden-Badener Filiale war quasi »ihr« Geschäft. Am Wochenende kam unser Vater für gewöhnlich nach Baden-Baden, oftmals wurde er von meinem Bruder und mir begleitet. Frau Pleines freute sich immer, wenn wir drei Männer auftauchten. Besonders mein Bruder, der damals bereits verheiratet war, hatte es ihr angetan. Dem maßen wir natürlich keine Bedeutung bei. Uns war bekannt, dass Frau Pleines ab und zu einen Freund hatte. Diese Beziehungen hielten aber meist nur kurze Zeit. Im Geschäft sorgte sie für einen schönen Umsatz und von unseren Kunden hörten wir immer nur Gutes über sie. Alles verlief zu unserer Zufriedenheit.

Nach etwas mehr als 15 Jahren stellten wir bei der jährlichen Inventur erstmals Differenzen fest. Es fehlten vier wertvolle Schmuckstücke, die wir in Baden-Baden vermuteten. Da wir nie genau Buch darüber führten, welches Schmuckstück sich wann und wo in welcher unserer Filialen befand, konnten wir keinen zielführenden Verdacht schöpfen. Wir fragten zunächst Frau Pleines nach dem Verbleib der fehlenden Stücke, da wir sie in den Kolonnaden vermuteten. Sie wies jedoch alles von sich. Das Geschäft im »Brenners« betreute – neben Frau Pleines – Frau Siebert, die an Feiertagen oder zu bestimmten Anlässen oft Ausstellungen im Hotel organisierte, so dass der Schmuck häufig von da nach dort wechselte und umgekehrt. Auch Frau Siebert konnte uns über den Verbleib der vier fehlenden Schmuckstücke nichts sagen. Daraufhin schrieben wir sie ab.

Im Jahr darauf geschah das Gleiche. Nach der Inventur fehlten erneut drei Schmuckstücke. Alle Hinweise auf ihren Verbleib lenkten den Verdacht auf Frau Pleines, die wir persönlich befragten. Sie versicherte uns, noch nie etwas gestohlen zu haben, und betonte, dass wir sie doch bereits seit mehr als 15 Jahren kennten, in denen sie sich niemals etwas zu Schulden habe kommen lassen. Frau Pleines behauptete zu ihrer Verteidigung, dass die Schmuckstücke vor einiger Zeit wieder zurück nach Frankfurt in unser Geschäft gegangen seien. Wir konnten ihr also erst einmal nichts nachweisen – aber wir waren doch sehr misstrauisch geworden. Und so stellte ihr mein Bruder eine Falle! Er ließ von einer ihm gut bekannten Dame, die sich bei Frau Pleines als Kundin ausgab, eine alte Perlenkette neu aufnehmen und sie dafür bar bezahlen. Das Geld nahm Frau Pleines ordentlich und ganz regulär in die Kasse auf, so dass wir ihr hier nichts nachweisen konnten. Wir schickten jedoch als weiteren Köder ein besonderes Schmuckstück, eine wertvolle Brosche, nach Baden-Baden. Dieses Vorgehen besprachen wir im Vorfeld mit Frau Siebert, die in unsere Verdächtigungen gegen Frau Pleines eingeweiht war.

Ein weiteres Jahr verging – und wieder führten wir die Inventur durch. Und siehe da, genau diese Brosche samt fünf anderen, durchaus wertvollen Schmuckstücken war unauffindbar. Jetzt fuhr ich persönlich nach Baden-Baden, um mit Frau Pleines zu sprechen.

Wir trafen uns im Kurhaus, wo ich ihr bei einer Tasse Kaffee die Frage nach dem Verbleib der fehlenden Schmuckstücke stellte. Sie stritt alles ab und schwor mir unter Tränen tausend Eide, nichts mit dem Verschwinden zu tun zu haben. Frau Pleines zeigte sich zudem enttäuscht darüber, dass wir ihr so etwas unterstellten, und vermutete, dass man ihr die Brosche wahrscheinlich gestohlen habe. Insgesamt dauerte das Gespräch etwas mehr als zwei Stunden. Ich stellte ihr sogar die Frage, ob sie vielleicht krank und spielsüchtig sei. Aber sie verneinte das und wir trennten uns. Sie war fix und fertig, ich sprachlos. Durch das Gespräch war ich kein Stück weiter gekommen. Mussten wir nun wieder sechs wertvolle Schmuckstücke abschreiben? Um meiner Frage nach einer möglichen Spielsucht unserer Mitarbeiterin nachzugehen, fragte ich noch den Leiter der Spielbank in Baden-Baden, der ein guter Kunde von uns war. Aber auch er konnte mir keine hilfreiche Auskunft geben. Der Verdacht gegenüber Frau Pleines jedoch blieb.

Eines Tages rief uns Frau Siebert in Frankfurt an. Sie habe zufällig eine Kundin auf der Straße getroffen, die genau die Brosche getragen habe, die bei uns als gestohlen galt und die wir im Jahr zuvor nach Baden-Baden geschickt hatten. Sie habe die Dame angesprochen und im Gespräch darum gebeten, dass sie ihr doch bei Gelegenheit die Quittung über den Kauf der Brosche vorbeibringen solle. Sie benötige diese wegen einer buchhalterischen Abstimmung.

Die Kundin brachte die Quittung. Allerdings nicht zu Frau Siebert, sondern zu Frau Pleines, die ihr die Brosche verkauft hatte. Sie erzählte ihr von der Begegnung mit Frau Siebert und zeigte sich erstaunt darüber, dass sie wegen des Schmuckstücks angesprochen worden war.

Ich hatte mich nach Frau Sieberts Nachricht bereits auf den Weg nach Baden-Baden gemacht, als Frau Pleines mich anrief und sagte, dass sie mich dringend sprechen müsse. Ich sagte ihr kurz und knapp, dass ich bereits wisse, was sie mir zu sagen habe. Wir vereinbarten ein Treffen im Kurhaus. Dort wartete sie mit Tränen in den Augen auf mich und gab sofort alles zu. In einem Redeschwall gestand sie, spielsüchtig zu sein und immer wieder ins Kasino zu gehen, weil ein Freund sie vor dreieinhalb Jahren dazu verführt habe. Sie habe auch Bargeld verspielt, das sie aus der Kasse genommen und nicht verbucht habe. Schluchzend und zitternd sagte sie, dass sie, wenn ihre Mutter von diesem Vergehen erfahren würde, sich das Leben nähme. Frau Pleines Mutter war mir bekannt. Sie war eine ausgesprochen seriöse und liebenswerte Frau, die sehr stolz auf ihre Tochter und deren Anstellung in unserem Geschäft war. Frau Pleines war von den vier Kindern, die ihre Mutter auf die Welt gebracht hatte, das Nesthäkchen und ihr Wohlergehen lag der Mutter besonders am Herzen. Frau Pleines versprach mir, dass sie sofort mit dem Spielen aufhören und nie wieder einen Fuß in das Kasino setzen würde. Für den entstandenen Schaden wolle sie aufkommen. Sie benötige nur einen kleinen Betrag für ihre Miete und etwas für den Lebensunterhalt. Immerhin beliefen sich ihre Schulden beim Bargeld auf 2000 Euro und bei den Schmuckstücken auf 65000 Euro Einkaufspreis. Mir war klar, dass Frau Pleines' Spielsucht eine ernstzunehmende Erkrankung war. Sie weinte immer stärker, so dass ich ihr etwas zur Beruhigung besorgen musste. Sie beteuerte mir, wie glücklich sie damals gewesen sei, als wir sie aufgenommen hätten, obschon die Dame, für die sie zuvor gearbeitet habe, sie immer wieder zurückzugewinnen versucht habe. Aber in unserem Geschäft fühle sie sich sehr aufgehoben und es sei für sie eine Ehre, für uns zu arbeiten. Sie bot an, in Zukunft noch häufiger arbeiten zu kommen, um ihre Schulden abbauen zu können. Frau Pleines schien mir in dieser Situation ehrlich und aufrichtig zu sein. Und so sagte ich ihr zu, mich am nächsten Tag bei ihr zu melden, und fuhr erst einmal erschüttert zurück nach Hause.

In Frankfurt überlegten mein Bruder und ich lange, wie wir mit dieser Situation umgehen sollten. Dann fanden wir eine Lösung. Seit einiger Zeit schon hatten wir uns überlegt, unser Geschäft in den Kolonnaden aus einer Reihe guter Gründe aufzugeben, und einer unserer Kunden hatte bereits wegen einer Übernahme der Räumlichkeiten angefragt. Dies stand nun an und wir verhandelten mit dem Interessenten. Danach sicherten wir Frau Pleines zu, dass sie weiterhin eine Beschäftigung haben werde und in Zukunft als Verkäuferin für den neuen Geschäftsinhaber arbeiten könne. Dieser verkaufte dort kleine Antiquitäten und Unikate. Dem Geschäftsinhaber erzählten wir jedoch nichts von Frau Pleines' Erkrankung, da wir an ihr Versprechen glaubten, mit den Besuchen des Kasinos ein für alle Mal aufzuhören. Wir vereinbarten mit Frau Pleines eine monatliche Rückzahlung in Höhe von 1500 Euro für den Schaden, der uns entstanden war. Mit dieser Entscheidung fühlten wir uns sehr wohl, weil wir glaubten, Frau Pleines damit zu helfen. So dachten wir damals zumindest …

Ein Dreivierteljahr danach erhielt ich einen Anruf: »Herr Friedrich, wie konnten Sie mir das antun? Wie konnten Sie mir eine so kranke Person vermitteln? Ihnen war doch bekannt, dass Frau Pleines süchtig nach

Glücksspielen ist! Was habe ich Ihnen denn getan?«. Mir verschlugen die Vorwürfe die Sprache. War Frau Pleines immer noch spielsüchtig? Der Herr erzählte mir, dass in seiner Kasse ständig Geld fehlte. Als er nicht mehr weiter wusste, ließ er eine Kamera hinter der Kasse installieren und auf einer der ersten Aufnahmen war zu sehen, wie Frau Pleines in die Kasse griff und Geld entwendete. Er verfolgte sie und sah, wie sie am Abend das Kasino in Baden-Baden betrat. Wenige Tage später, nachdem sich das Geschehen wiederholt hatte, stellte der Herr Frau Pleines zur Rede – sie brach in Tränen aus und gestand ihm alles, wie mir ein Jahr zuvor.

Die ganze Geschichte, der Verweis auf ihre zu schonende Mutter, die Versprechungen, ihre Wiedergutmachung, ihre Reue – alles war eine große Lüge. Ich machte mir ungeheure Vorwürfe, weil ich darauf reingefallen war und weil wir Frau Pleines unserem Geschäftsnachfolger empfohlen hatten.

Der maßlos enttäuschte Mann entließ seine spielsüchtige Mitarbeiterin fristlos und schloss kurze Zeit später sein Geschäft. Wir haben nie wieder etwas von ihm gehört.

Frau Pleines verschied zwei Jahre später an einer heimtückischen Krankheit, wie wir der Baden-Badener Zeitung entnahmen. An ihrer Beerdigung nahmen wir teil.

Ihre Mutter erfuhr nie etwas von der Spielsucht ihrer Tochter. Und wir schrieben das fehlende Geld endgültig ab.

Schmitz oder so ähnlich

Ein mir bis dahin unbekannter Herr bat mich in der zweiten Pause der »Walküre« der Bayreuther Wagner-Festspiele, ein Collier aus unserer Vitrine ansehen zu können. Seine Gattin sollte dieses am Tisch zur Probe anlegen. Das Collier war sehr wertvoll, es kostete 150 000 DM. Der Dame gefiel die Kette und sie passte ihr sehr gut. Auch der Preis wurde von dem Paar sofort als angemessen betrachtet.

Mein neuer Kunde erzählte mir, dass er Förderer der Festspiele und ständiger Gast im Hause der Familie Wagner sei und seine Firma bei elektronischen Problemen stets zu Rate gezogen werde. Sein Name sei Albert – ich solle bitte am folgenden Tag einen Herrn Schmitz bei der hiesigen Filiale der Deutschen Bank anrufen, um die Bezahlung der 150 000 DM abzuklären. Sprach's – und nach einer kurzen Verabschiedung verschwand Herr Albert mit Gattin und Collier in den letzten Akt der »Walküre«.

Am nächsten Morgen rief ich, wie vereinbart, bei der Deutschen Bank an und fragte nach besagtem Herrn Schmitz. Die Antwort der freundlichen Stimme erfreute mich weniger: »Bei uns arbeitet kein Herr Schmitz.« Irritiert legte ich den Hörer auf. Zweifel kamen in mir hoch – aber mir blieb ja noch Frau Gudrun Wagner.

Nachdem die erste Aufregung verflogen war, fuhr ich hinauf zum Festspiel-Hügel, um mit Frau Wagner zu sprechen. Diese sagte mir, dass ihr kein Förderer der Festspiele und Freund der Familie namens Albert bekannt sei. In Sachen Elektronik arbeite sie schon seit langer Zeit mit der Firma Sauer zusammen. Dieser Satz beunruhigte mich noch mehr als die Auskunft der Bankangestellten am Telefon. Frau Wagner sagte zu mir: »Da sind Sie bestimmt einem Hochstapler aufgesessen.«

Im Auto auf dem Rückweg in die Stadt versuchte ich mich widerstrebend mit dem Gedanken anzufreunden, dass das teure Collier nun am Halse der Frau eines Betrügers hing und wir die 150 000 DM niemals erhalten würden.

Am späten Nachmittag unternahm ich einen letzten Versuch, das bereits verloren geglaubte Geld oder das Collier zurückzubekommen. Ich rief erneut bei der Deutschen Bank an und fragte noch einmal: »Gibt es bitteschön einen Herrn Schmitz bei Ihnen oder einen Herrn im Hause, der so ähnlich heißt?« Die Antwort verblüffte mich: »Ja, bei uns arbeitet ein Herr Schmitt, mit Doppel-t, nicht mit tz am Ende.« Ich hätte mir nicht träumen lassen, was ein Wort wie »ähnlich« in meiner Frage ausmachen konnte. Ich wurde mit Herrn Schmitt verbunden, konnte mit ihm den Sachverhalt klären und kurz danach die 150 000 DM abholen.

Eine Frage blieb noch offen: Warum kannte Frau Wagner jenen Herrn Albert nicht, der bei der Deutschen Bank sehr wohl bekannt war? Wochen danach konnte ich das Rätsel lösen, als Herr Albert bei uns anrief, um uns freundlich mitzuteilen, dass seine Frau mit dem Collier sehr glücklich sei. Auf meine Frage, warum Frau Wagner ihn überhaupt nicht kennen würde, sagte er: »Ach, wissen Sie, Frau Wagner nennt mich seit Jahren Herr Sauer, so wie meine Firma heißt. Sie kann sich meinen richtigen Namen einfach nicht merken. Und warum sollte sie auch?«

Der »Diamond International Award« ist der Oskar der Juweliere, Karl Friedrich wurde er gleich drei Mal verliehen. Die Titelseite der Zeitschrift »Madame« aus dem Jahr 1965 zeigt zwei der prämierten Schmuckstücke.

Oh Gott!

Einer unserer sehr guten Kunden, ein Herr aus der Schweiz, wollte seine Frau mit einem Saphir überraschen. Wir zeigten ihm einige besondere Steine, wobei ihm der wertvollste, ein Kaschmir-Saphir von 8,6 Carat, am besten gefiel. Da er nicht wusste, welche Fassung für diesen Saphir seine Frau haben wollte, kaufte er ihn »einfach so« – ohne Fassung. Daraufhin ließ ich in unserem Atelier rasch eine schlichte Fassung in Hartwachs anfertigen, damit der Kunde den Musterring seiner Frau, deren Ringweite mir bekannt war, zeigen konnte. So konnte sie sich bei uns melden und vielleicht auch neue Ideen zu ihrem Saphir-Ring beisteuern. Da die Frau die meiste Zeit mit ihrem Ehemann in Frankfurt wohnte, konnten wir mit einer baldigen Nachricht rechnen.

Lange hörten wir nichts von ihr und auch nicht von ihrem Mann. Bis ich endlich den Kunden anrief und nach dem Musterring fragte. Er entschuldigte sich höflich, war aber sogleich im Bilde und gab den Musterring in Auftrag. »Ja«, sagte er, »der Ring gefällt meiner Frau sehr gut.«

»Gerne«, erwiderte ich, »dafür benötigen wir aber den Kaschmir-Saphir.«

»Aber den Saphir haben doch Sie!«

»Nein«, sagte ich, »der Saphir war doch in der Musterfassung, die Sie mit nach Hause genommen hatten.«

Langes Schweigen auf der anderen Seite. Dann: »Oh Gott! Der Ring liegt in der Schweiz! Ich habe ihn ja in die Schweiz mitgenommen. Meine Frau hat ihn zu ihrem unechten Talmi-Schmuck gelegt – und der liegt total frei auf ihrem Nachtisch. Ich muss unbedingt bei ihr anrufen.«

»Dann haben Sie also den Kaschmir-Saphir-Ring mit in die Schweiz genommen, das heißt: ihn illegal importiert, ohne ihn aus Deutschland zu exportieren?« »Ja.« Bei diesem wertvollen Stein wären rund 40 000 Schweizer Franken fällig gewesen.

»Oh Gott!«, hörte ich wieder. »Ich versuche, sofort meine Frau zu erreichen.« Gesagt getan. Der Kunde erreichte seine Frau, die gerade in Zürich unterwegs war, aber auf sein Drängen hin umgehend nach Hause eilte. Sie fand die Fassung mit dem echten Saphir unter ihrem Talmi-Schmuck, den sie ab und zu trug und der auf ihrem Nachttisch lag. Die Erleichterung, die sich aller Beteiligten bemächtigte, kann man sich vorstellen.

Es war nämlich so: Mein Kunde war davon ausgegangen, dass ich ihm einen einfachen – unechten – blauen Stein in der Musterfassung mitgegeben hatte und nicht den echten Kaschmir-Saphir. Ich wiederum hätte ihm die Echtheit des Steins verdeutlichen müssen. Dass der Herr den Ring ins Ausland mitnehmen könnte, daran hatte ich natürlich auch nicht gedacht.

Nun hatten wir eine Aufgabe: den Kaschmir-Saphir-Ring nach Frankfurt zu bringen, was an sich nicht eben leicht war. Aber nach Gesprächen mit dem Schweizer und dem deutschen Zoll gelang es mir, den Stein sicher aus der Schweiz nach Frankfurt zurückzubringen.

Seitdem weisen wir Kunden darauf hin, dass wir generell nur echte Steine in Musterringe einfassen.

Damit hatte auch dieses Abenteuer seinen glücklichen Ausgang gefunden. Und meine Schweizer Kunden sind bis heute glückliche Besitzer eines ganz und gar außergewöhnlichen Rings.

Dreist

Unsere Mitarbeiterin Frau Pleines stellte vor einigen Jahren eine neue Dame ein, die ich schon erwähnt habe: Frau Siebert. Nachdem Frau Siebert sich von ihrem Ehemann getrennt und die gemeinsamen drei Kinder ohne ihn großgezogen hatte, jetzt aber alleine lebte, suchte sie eine Arbeitsstelle. Von Schmuck hatte sie freilich nur wenig Ahnung. Doch wir wussten: Wenn man etwas will, dann schafft man es auch ohne Vorkenntnisse.

Wir mieteten für Frau Siebert im »Brenners« in Baden-Baden ein Geschäft an, das sie, mitsamt den Vitrinen im Hause, zu unserer vollsten Zufriedenheit führte. Ja, sie entwickelte sich zu einer sehr zuverlässigen, geschätzten und wichtigen Mitarbeiterin unseres Unternehmens. Zu besonderen Terminen und Jahreszeiten, wie beispielsweise zur Iffezheimer Rennwoche, zu Ostern, Weihnachten und selbst Neujahr, organisierte Frau Siebert spezielle Ausstellungen. Sie dekorierte selbst, was sie zuvor bei uns in Frankfurt gelernt hatte, war stets von morgens bis spät abends vor Ort und machte sehr gute Geschäfte.

Über die Rennwoche kamen immer wieder Stammgäste in die Ausstellung. So auch ein junger Mann mit seiner Freundin, dessen Mutter schon seit langer Zeit eine gute Kundin bei uns war. Das Pärchen besuchte Frau Siebert und ließ sich besonders Ringe zeigen. Nach dem Ende der Rennwoche bemerkte Frau Siebert, dass ein Smaragdring fehlte. Sie hatte diesen Ring u.a. auch diesem Pärchen gezeigt, hegte jedoch kein Misstrauen gegenüber den beiden, da ihr schließlich die Mutter des Herrn schon lange bekannt war. Der verlorengegangene Ring hatte einen Wert von 45 000 Euro.

Im folgenden Jahr wiederholte sich das Geschehene. An diesem Tag war also das Frau Siebert bereits bekannte Pärchen wieder ins »Brenners« gekommen, um sich die Ausstellung anzuschauen. Der Herr bestellte ein Paar Manschettenknöpfe, gemeinsam betrachteten sie den schön dekorierten Schmuck und am Ende ließen sie sich wieder Ringe zeigen. Am Abend – nach Geschäftsschluss – bemerkte Frau Siebert wieder den Verlust eines wertvollen Rings. Bei bekannten Kunden ließ sie ab und zu die Kunden mit dem Schmuck alleine, damit die Kunden sich im Privaten über einen möglichen Kauf beraten konnten. Das war natürlich gewagt, aber nicht unüblich.

Im Hotel erhielt ich einen Anruf von Frau Siebert, bei dem sie auch das Pärchen erwähnte. Sie sagte jedoch gleich, dass sie dem Mann vertraue, da seine Mutter bereits seit langer Zeit eine gute Kundin sei, und somit auch seiner Begleiterin. Wir stellten Nachforschungen an, aber leider ohne Erfolg. In diesem Jahr belief sich der Schaden auf 21 000 Euro.

Im dritten Jahr war Frau Siebert natürlich gewarnt und sah immer ganz genau hin, wenn Kunden etwas aus der Vitrine sehen wollten. Und wieder kam das Pärchen und wieder wollte es spezielle Ringe sehen. Die Ringe wurden aus den Vitrinen genommen, angezogen, betrachtet und wieder zurückgelegt. Alles dauerte etwa eine Stunde, bis sich das Paar freundlich verabschiedete, ohne etwas gekauft zu haben. Frau Siebert dekorierte danach ein wenig um und bemerkte dabei sofort, dass ein Ring fehlte – ein Ring, den sie zuvor dem Pärchen gezeigt hatte. Umgehend schloss sie die Ausstellung ab, rannte dem Paar hinterher, holte es ein und sprach es an. Außer Atem sagte sie den beiden, dass der Ring fehle, den die Dame zuvor anprobiert habe und der vermutlich – aus Versehen – noch an ihrem Finger stecke. Der Herr war sehr überrascht und antwortete etwas verstimmt, dass sie keinen Ring mitgenommen hätten. Seine Freundin bestätigte dies und zeigte als Beweis ihre ringlosen Finger. Frau Siebert entschuldigte sich und ging verstört zur Ausstellung zurück. Sie rief mich an und berichtete von dem Vorfall. Ich konnte es kaum glauben. Aber auch mir war der junge Kunde persönlich bekannt, so dass ich jeden Zweifel ausblendete. Der Schaden im dritten Jahr in Folge belief sich auf 34 000 Euro.

Zwei Jahre nach dem Verschwinden des dritten Ringes rief mich der Kunde an, dem Frau Siebert seinerzeit hinterhergerannt war. Bei einem Besuch in unserem Geschäft war bereits zuvor aufgefallen, dass er eine neue Freundin an seiner Seite hatte. Er fragte mich, ob wir auch Ringe in Zahlung nähmen. Er sprach von einem Smaragd-Ring, den er verkaufen wollte. Ich bejahte seine Frage, und wir einigten uns darauf, dass ich in München bei ihm zu Hause vorbeikommen würde.

Kurz danach fuhr ich zu ihm und er legte mir sogleich den Ring vor, den er verkaufen wollte. Ich traute meinen Augen nicht – es war der Ring, der zu Beginn der dreijährigen Raubfolge in Baden-Baden gestohlen worden war. Der Kunde erzählte mir, er habe diesen Ring von einem Freund, der nun in den USA arbeite und dort keine Anlaufstelle kenne, über die man das Schmuckstück verkaufen könne. So habe er seinen in Deutschland lebenden Freund gebeten, den Ring für ihn zu veräußern. Ich bezwang mich, dem Kunden erst einmal nichts zu sagen, und nahm den Ring nach Frankfurt in unser Hauptgeschäft mit. Bereits im Auto nahm ich meine Lupe zur Hand, und tatsächlich: Es handelte sich um den Ring, der bei uns fünf Jahre zuvor gestohlen worden war. Neben unserer üblichen Friedrich-Signatur war auch noch das Gewicht der Steine eingraviert. Ich konnte es nicht glauben – gibt mir der Kunde, den wir nie für einen Dieb gehalten hatten, einen der gestohlenen Ringe zurück! Ich war fassungslos: War er so töricht oder so frech?

Kurz danach rief ich den Kunden wegen des Verkaufs des Rings an und wir vereinbarten einen nächsten Termin in München. Als wir uns trafen, erzählte ich ihm von den drei Vorfällen, die sich jeweils im Abstand eines Jahres bei unseren Ausstellungen in Baden-Baden ereignet hatten. Und auch, dass wir nie an seiner Integrität gezweifelt und ihn für einen Dieb gehalten hätten. Nachdem er mir den Ring anscheinend ahnungslos übergeben hatte, sei ich jedoch auf den Gedanken gekommen, dass seine ehemalige Freundin etwas mit dem Diebstahl zu tun haben musste.

Dem jungen Herrn verschlug es die Sprache. Er schwieg eine ganze Weile, käsebleich im Gesicht. »Jetzt ist mir alles klar«, stammelte er. Er erzählte mir die ganze Geschichte von seiner ehemaligen Freundin, die ihn mit einem Kollegen betrogen hatte und nun mit diesem in den USA zusammen lebte. Dem Neuen hatte sie den Ring übergeben und gebeten, diesen zu verkaufen. Da der in den USA jedoch keinen Ansprechpartner für so einen Kauf hatte und von der guten und langjährigen Beziehung unseres Kunden zu unserem Juweliergeschäft wusste, bat er kurzerhand diesen, den Verkauf zu tätigen.

Die ehemalige Freundin des Kunden hatte nicht damit gerechnet, dass ihr neuer Freund ihrem »Ex« den Ring anbieten würde – sie war also zweifelsfrei die Diebin. Der junge Herr versprach: »Ich regle das«. Er informierte seine ehemalige Freundin, dass ihre Diebstähle aufgeflogen seien und sie mit Konsequenzen rechnen müsse. Drei Tage später erreichte uns ein hochversichertes Paket – ohne Absender –, in dem sich die anderen zwei gestohlenen Ringe befanden.

Wir unternahmen – vor allem wegen des jungen Mannes – weiter nichts in diesem Fall. Auch Frau Siebert war ein Stein vom Herzen gefallen.

Ellen, die falsche Liz Taylor

Wie jedes Jahr veranstalteten wir mit Frau Siebert im Brenners Park-Hotel eine Neujahrsausstellung. Eine etwas in die Jahre gekommene amerikanische Kundin namens Ellen hatte sich angekündigt – und besuchte uns dann auch. Rasch fand sie Gefallen an einem Diadem, das wir, da man keine »Krönchen« mehr trug, mit zwei Platin-Kettchen in ein prächtiges, freilich recht schweres Collier verwandelt hatten. Dieses Diadem hatte eine ganz besondere Geschichte und war in Platin gearbeitet.

Unsere Kundin wollte aber das antike und wertvolle Stück unbedingt haben und bat darum, es am Neujahrsabend tragen zu dürfen. So verabredeten wir uns denn für den 31. Dezember. Ich versprach, auf ihr Zimmer zu kommen, um dort das Diadem für den Festabend in ihre Haare einzuarbeiten.

Die Amerikanerin, die jeder im Hotel »Liz Taylor« nannte, bat mich in ihr Badezimmer: Dessen Wände waren mit schwarzer Farbe verschmiert. In Erinnerung an ihre Freundin, die richtige Liz Taylor, hatte Ellen, wie ich sah, sämtliche Konturen im Gesicht, Wimpern, Augenbrauen sowie die Lippen mit einer Art schwarzer

Tusche angemalt. Zu ihrem farblosen, ja blassen Teint war der Unterschied beträchtlich.

Immerhin war die Dame fertig angezogen – nur das Diadem fehlte noch. Ich hatte Nadeln und Klammern dabei und machte mich an die Arbeit, das schwere Platin-Diadem auf den Haaren zu befestigen. Ich war gerade fertig damit, da bewegte sich das Diadem nach hinten und rutschte plötzlich mit den Haaren in Ellens Nacken. Ich erschrak heftig, konnte das wertvolle Stück aber so eben noch halten.

Die Haare waren denen der wirklichen Liz Taylor sehr ähnlich – aber nicht echt. Und unter der Perücke hatte Ellen schütteres und dünnes Haar. Mir hatte es die Sprache verschlagen und so versuchte ich schweigend, die Perücke mit den Klammern auf das dünne Haar der Amerikanerin zu montieren. Nachdem dies vollbracht war, setzte ich das Diadem auf die falschen Haare, und zwar etwas weiter vorne, so dass es mittig auf dem Kopf saß und nicht nach hinten zog. Die Tortur dauerte etwa eine Stunde – danach war »Liz Taylor gekrönt«. Ich bat Ellen, den Kopf auf keinen Fall ruckartig zu bewegen.

So gingen wir gemeinsam zum Festabend hinunter in die Hotelbar. Ich hatte dafür gesorgt, dass Ellen an einem kleinen Tisch gegenüber von uns saß, so dass ich umgehend reagieren konnte, falls etwas mit dem Diadem passierte. Den ganzen langen Abend blickte ich zu ihr hinüber, aß wenig, sprach nicht viel und tanzte mit niemandem, immer in der Angst, das Haarteil mit dem

Diadem könnte wieder nach hinten rutschen. Ellen wiederum saß vergnügt an ihrem Tisch und trank viel Alkohol, war aber ganz allein. Da nahm ich, es war sicher schon nach 23 Uhr, allen Mut zusammen und bat sie zu einem langsamen Tanz.

Die falsche Liz Taylor war einen Kopf kleiner als ich und hing sich wie ein Klammeraffe um meinen Hals. Vom Alkohol befeuert, warf sie nun plötzlich ihren Kopf nach hinten, so dass das Diadem zu rutschen drohte. In höchster Not fixierte ich mit meinem Kinn das Haarteil mitsamt dem Platindiadem auf dem Kopf, so dass Ellens Gesicht auf meine Brust gedrückt wurde. Der Anblick muss schrecklich gewesen sein. Die Leute um uns herum blickten uns verwundert an und hielten respektvollen Abstand.

Zwei Tänze hielt ich durch – dann führte ich »Liz Taylor« wieder an ihren Tisch. Sie lächelte mich an, trank ihren Wein und verließ uns mit herzlichen Grüßen 15 Minuten nach Mitternacht. Ich bot ihr noch an, sie auf ihr Zimmer zu begleiten, um ihr dort behutsam das Diadem abziehen zu können, was sie jedoch ablehnte.

Natürlich malte ich mir das Abschminken, das Herunternehmen des Diadems und der Perücke aus. Danach musste auch all die schwarze Farbe herunter. Wie mochte Ellen nun in Wirklichkeit aussehen? Ich wollte gar nicht daran denken, überlegte vielmehr, wann und wie sie mir am kommenden Morgen das Diadem mit einem höflich lächelnden »thank you« zurückgeben wollte …

Ellen, die falsche Liz Taylor, tauchte schon kurz vor neun auf. Und was ich nicht gedacht hatte: Sie kaufte das Diadem mit seiner bewegten einhundertunddreißigjährigen Geschichte und flog mit ihm zurück in ihre Heimat.

Das schön verpackte Etui

Ein gut aussehender Herr betrat, begleitet von einer Frau und zwei Kindern, unsere Baden-Badener Filiale. Die Kunden kannten wir nicht. Sie ließen sich von einer Mitarbeiterin diverse Schmuckstücke zeigen, wobei unsere Angestellte sich, während sie bediente, äußerst aufmerksam zeigte. Bei neuen Kunden kann man ja nie wissen.

Nachdem die Herrschaften eine ganze Reihe von Colliers, Armbändern, Uhren und andere Schmuckstücke betrachtet hatten, äußerten sie Interesse an verschiedenen Ringen. Am Ende konzentrierte sich die Aufmerksamkeit auf einen besonders wertvollen Ring, der der Kundin hervorragend passte.

Der Herr wollte diesen Ring am Tisch in Geschenkpapier und mit einer Schleife versehen verpackt haben. Selbstverständlich konnte die Mitarbeiterin ihm diesen Wunsch erfüllen, denn viele Kunden kaufen ja beim Juwelier etwas zum Verschenken – und eine angemessene Verpackung gehörte bei Friedrich immer dazu. So holte unsere Mitarbeiterin ein passendes Etui für den Ring, mit Geschenkpapier und Schleife, steckte ihn in die vorgesehene Ringschiene und schloss das Etui. Der Kunde wollte den Ring jedoch noch einmal sehen, nahm das Etui in seine Hände, öffnete es und zeigte den Ring erneut seiner Begleiterin. Diese betrachtete das schöne Stück voller Wohlwollen und bestätigte die Kaufentscheidung mit einem sichtbaren Kopfnicken. Im Hintergrund rannten die zwei Kinder kreuz und quer durch den Laden und verbreiteten eine gewisse Unruhe.

Der Kunde holte jetzt 1 000 DM aus seiner Jackentasche, die er als Anzahlung leistete. Er sagte, er wolle sofort zur Bank gehen, um das restliche Geld zu holen und den Ring bar bezahlen zu können. »Der Ring bleibt solange bei Ihnen.« Unsere Mitarbeiterin war glücklich über ihren Verkaufserfolg, zumal auch nicht am Preis gehandelt wurde – und so ein Geschäft macht man nicht alle Tage. Der Ring kostete schließlich 48 000 DM.

Die Mitarbeiterin erhielt das verschlossene Etui zurück und die Anzahlung in Höhe von 1 000 DM, mit der erneuten Bitte, das Etui auch entsprechend zu verpacken. Dabei nahm der Kunde einen Stift zur Hand, um, wie er sagte, selbst auf der Rückseite der Geschenkverpackung zu unterschreiben, damit er später ja das richtige Etui erhalten würde. Unsere Mitarbeiterin nahm schnell – auch wegen der unruhigen Kinder – das geschlossene Etui und begann mit dem Verpacken, damit der Kunde das Päckchen mit seiner Unterschrift versehen und dann zur Bank eilen konnte. Nachdem sie noch den 1 000 DM-Schein geprüft hatte, verabschiedete sie den Kunden freundlich.

Alles schien in bester Ordnung zu sein! Der Ring lag in einer Schublade und die 1 000 DM waren in der Kasse. Jetzt rief sie überglücklich unseren Vater im Hauptgeschäft an und teilte ihm die freudige Nachricht in allen Einzelheiten mit. Seine Reaktion war jedoch anders, als sie erwartet hatte. »Packen Sie sofort das Etui aus!«, schallte es aus dem Hörer. Die Mitarbeiterin erblasste; und augenblicklich wurde ihr schlecht – das Etui war leer und der Kunde mit dem wertvollen Ring über alle Berge.

Als der feine Herr das Etui geöffnet hatte, hatte er den Ring mit einem einfachen Trick herausgeholt und unserer Mitarbeiterin das geschlossene, nun leere Etui mitsamt den 1 000 DM übergeben. Die von den Betrügern inszenierten Umstände führten dazu, dass sie sich nicht mehr die Zeit nahm, um den Inhalt des Etuis, das ihr der Herr überreichte, noch einmal zu überprüfen.

Fehler können jedem passieren – aber manchmal sind sie doch sehr teuer.

Im Kloster

Nach Jahren harter Arbeit war es im Juli 1983 soweit – ich konnte den Druck, dem wir täglich im und mit dem Geschäft ausgesetzt waren, nicht mehr ertragen. Ich konnte keine Kundinnen und Kunden mehr bedienen. Ich war, mit einem Wort, ausgebrannt.

Da erinnerte ich mich an eine Tante, die mir vor längerer Zeit, als es mir noch richtig gut ging, von einem Kloster erzählt hatte, von Gerleve in Westfalen. Mit Kloster hatte ich eigentlich immer Vorstellungen verbunden wie: Bibellesungen, Gruppengespräche, Exerzitien, Beichte, aber mein Zustand war so, dass ich Tante Marga anrufen musste. Sie hörte mir ruhig zu und gab mir den Rat, mich an den Alt-Abt Pius zu wenden. Was ich auch tat. Der Abt bot mir an, in die Abtei Gerleve zu kommen und mich eine Woche vom Geist des Hauses treiben und inspirieren zu lassen – und einfach einmal nichts zu tun, gar nichts.

Getreu dem Motto »Wenn nichts mehr geht, dann geh« fuhr ich mit dem Auto nach Gerleve, wo ich an einem späten Abend ankam. Ich stellte meinen Wagen vor dem Kloster ab und schritt zum Tor der Abtei. Es wurde mir geöffnet und gewissermaßen zur Begrüßung bekam ich von einem Pater einen großen roten Punkt, den ich mir anheften sollte, wenn ich keinen Kontakt zu Patres und Gästen des Klosters wünschte. Dann führte er mich zu meiner Zelle. Sie war ausgesprochen spartanisch eingerichtet: ein Bett, ein Schrank, ein Waschtisch, ein Stuhl und ein Tisch mit vielen Büchern darauf. Dusche und Toilette waren auf dem Gang und offen für alle Besucher des Klosters.

Vor dem Schlafengehen wollte ich noch die Klosterkirche aufsuchen, verlief mich aber in den mir fremden Gängen. Es war schon längst »Silentium«, und so herrschte ringsum absolute Stille. In den Klostergängen sah ich ab und zu Mönche, die auf leisen Sohlen in ihre Zellen zu schweben schienen. Ich gab einige Male ein leises »Hallo« von mir, bis sich einer der Mönche endlich erbarmte und mir wieder meine Zelle zeigte. Ich fühlte mich nun doch etwas einsam, schlief aber bald danach ein.

Am Morgen danach wurde ich durch die Hausglocke um 6.30 Uhr geweckt und ging zur Heiligen Messe. Danach gab es ein einfaches Frühstück, und gegen 10 Uhr machte ich mich zu einem Spaziergang auf. Um 12 Uhr wurde gebetet, um 12.30 Uhr aß man zu Mittag mit den Mönchen, um 13.15 Uhr wurde wieder gebetet, desgleichen um 17.30 Uhr zu Tagesschluss. Zum Abendessen gab es etwas Aufschnitt, Käse und Butter, Wasser oder dünnen Tee, aber keinen Alkohol (zu Hause trank ich jeden Abend mindestens ein Glas Wein. Dieser Verzicht fiel besonders schwer). Um 20.15 Uhr folgte das Nachtgebet, danach war »Silentium«. So ging das Tag für Tag.

Mit einem Mal hatte ich Zeit, viel Zeit. Und lernte, was nichts tun hieß: nicht reden, nicht lesen, kein Radio, kein Fernseher, kein Telefon. Du bist allein, ganz allein – bist nur mit dir selbst. Alles kehrt zurück zu dir, du erhältst keine Resonanz, keine Antwort auf das, was dich Einsamen überfällt, deine Gedanken laufen ins Leere, du bist wie abgeschnitten von dem, was bisher deine Welt war. Kein Mensch fragt dich, niemand will etwas von dir. Vorher warst du der Chef – jetzt bist du nichts. Und auf dich prasseln ungelöste Dinge, geschäftliche Probleme, private Sorgen nieder, du windest dich in Ängsten, fühlst dich wie in eigenen Fesseln gefangen, überrollt von einer Woge von Gedanken – und bist doch »frei«. Eine Art Wunder geschieht: Da du keine Antworten mehr bekommst, trennt sich allmählich Wesentliches von Unwesentlichem, du gewinnst Klarheit und kommst – auf der Suche nach Gott – zurück zu dir.

Es ist wie eine Fastenkur: Du entschlackst. Hungrig zehrst du von dem, was du noch hast, was dein Körper dir noch gibt. Aber nach einer gewissen Zeit fühlst du dich wie befreit, fühlst dich wohl in deiner Haut. Man »ent-deckt« sich gewissermaßen neu. Man durchlebt eine Art »Kläranlage« und wird dadurch tatsächlich klarer.

Was hatte mir der Abt gesagt, bevor ich ins Kloster gekommen war? Ich solle mich vom Geist des Hauses treiben lassen. Es war ein guter Rat, aber ich muss ehrlich sein: In den ersten beiden Tagen war ich oft verzweifelt und bedrückt. Ich ging in die Kirche und auf meine Spaziergänge, machte mir Gedanken über das Leben nach dem Tode, wobei mir ein Hinweis des Abtes immer wichtiger wurde: »Lerne, das Leben vom Ende her zu betrachten. Und sieh, wo du stehst – und was du willst.« Ich schwebte quasi über meinem Leben.

Am dritten Tage meiner Klostereinsamkeit kam ich jedenfalls mehr und mehr zur Ruhe, die drückenden Gedanken verschwanden. Durch das Beten gewann ich eine Nähe zu Gott, die ich lebenslang noch nie gespürt hatte. Ich war, um es mit Eugen Roth zu sagen, zu einem »Glaubenswurzel-Graber« geworden.

Roths weises Gedicht reimte sich, ein wenig geändert, so: »Ein kluger Glaubens-Wurzel-Graber/weiß viel ans Licht zu bringen – aber/ vergiß dabei das eine nicht/die Wurzeln sterben ab im Licht.«

Am fünften Tag im Kloster sprach mich plötzlich der Alt-Abt an und fragte, ob ich ihn mit meinem Auto ein wenig herumfahren könne. Seit Beginn meiner Schweigewoche hatte noch kein menschliches Wesen ein Wort an mich gerichtet! »Gerne«, sagte ich – und kurz danach saßen Pius und ich im Auto und fuhren nach Billerbeck. Wir besuchten dort die herrliche Propsteikirche St. Ludgerus, fuhren weiter über Coesfeld nach Havixbeck und von dort zum Museum der Annette von Droste-Hülshoff, wo wir – auf Burg Hülshoff – etwas aßen. Pius erzählte mir von seinem Wirken, von den Wirren, die er durchlebt hatte, den Zweifeln an Gott, von schwierigen Zeiten, dem Graben nach den Wurzeln des Lebens – und von der Erleuchtung: im Leben auf alles verzichten und im Kloster leben zu wollen. Nach dem Studium in Rom und der Promotion dort hatte es ihn nach Gerleve gezogen, wo er 1948 zum Abt gewählt wurde, was er bis zum Jahre 1971 auch blieb.

Pius sprach mit einer wunderbaren Ruhe und einer Gelassenheit, die mir imponierte. So hatte ich mir schon immer einen Abt vorgestellt. »Man muss«, sagte er, »das Fragen und Suchen einmal beenden und dann leben. Letztendliche Antworten erhalten wir nie, das letzte Geheimnis bleibt uns immer verborgen. Es ist nicht so wichtig, was und woran ein Mensch glaubt, es ist nur interessant, wie er seinen Glauben lebt. Christus war und ist der beeindruckendste Mensch und damit unser Vorbild. Sich auf ihn einzulassen, ist für mich die Erfüllung des Lebens. Damals wie heute.«

Die letzten beiden Tage im Kloster fühlte ich mich wie »neu geboren«, als sei alle Schwere von mir gewichen. Natürlich wusste ich, dass dies nicht so bleiben konnte – und dass ich für das Leben an meinem Platz bestimmt war.

Auf dem Heimweg von Gerleve nach Frankfurt blieb eine Sehnsucht an den wunderbaren Ort zurück, eine Sehnsucht nach Geborgenheit, Freiheit, Einfachheit und Demut. »Ora et labora« – bete und arbeite. So steht es über dem Eingang von Gerleve.

Bald schon hatte mich der Alltag wieder. Aber etwas hatte sich bei mir doch getan. Meine Denkweise hatte sich geändert: Weltverbesserung fängt zu Hause an.

Ein Freund schenkte mir nach der Woche im Kloster eine einfache Wolldecke, auf die gestickt zu lesen war: »The more you know, the less you need.« (»Je mehr man weiß, desto weniger braucht man.«)

Wie recht der Freund doch hatte.

Zehn Minuten nach zehn

An einem frühen Morgen rief eine Kundin aus Kronberg, die in der Schweiz Urlaub machte, meine Mutter an. Sie hatte in einer Schweizer Illustrierten eine Uhr gesehen, die sie unbedingt haben wollte – ob wir ihr die »besorgen« könnten?

Keine zehn Minuten später eilte meine Mutter zum Frankfurter Hauptbahnhof, kaufte dort die Schweizer Illustrierte und fand das Objekt der Begierde: eine neue Uhr, klein, hübsch und mechanisch, mit einem weißen Ziffernblatt und schwarzen Zeigern, mit 25 herrlichen Einkaräter-Brillanten Stein an Stein als Armband, eine Jaeger Le Coultre, etwas wirklich sehr Besonderes. Es war die kleinste Uhr der Welt, so groß wie einer der Einkaräter – und genau diese wollte unsere Kundin haben.

Umgehend rief meine Mutter bei Jaeger Le Coultre an, die Uhr war auf Lager, und ließ der Dame die Uhr in ihr Schweizer Hotel schicken. Die Bezahlung übernahmen erst einmal wir.

Nach gut zwei Wochen telefonierte meine Mutter mit der Kundin in der Schweiz, um zu fragen, ob sie die Uhr bekommen habe und ob damit alles in Ordnung sei. Die Dame schwärmte in höchsten Tönen von ihrer Uhr, die sie praktisch Tag und Nacht trage. Und natürlich komme sie nach ihrer Reise zu uns ins Geschäft, um die Rechnung zu begleichen. Nun müsse sie ihren Mann aber noch nach Zürich begleiten.

Es vergingen sechs Wochen. Dann kam die Dame ins Geschäft. Sie fand ihre Uhr nach wie vor sehr schön, sagte aber, dass die Uhr in der Zeit ein wenig falsch laufe und sich nur schwer aufziehen lasse. Ob wir das nicht überprüfen könnten?

Wir prüften die Uhr. Und tatsächlich: Die Krone ließ sich weder nach vorne noch nach hinten drehen, und die Uhr stand hartnäckig auf 10 Minuten nach 10 Uhr. Eigenartig. Ratlos schickten wir die Uhr ins Werk zurück.

Nach ein paar Tagen bekam meine Mutter einen Anruf aus der Schweiz: »Sehr geehrte Frau Friedrich, es tut uns allen unendlich leid, aber wir haben Ihrer Kundin unseren Dummy geschickt«, eine Uhr ohne Uhrwerk also. »Diese Uhr ist eine totale Neuheit, und diese Uhr brauchten wir für die Presse und für Fotografen. Und zwar ohne Uhrwerk, damit die Uhr immer die gleiche Zeit anzeigt. Daher waren die Zeiger auf 10 Minuten nach 10 Uhr fixiert, und die Krone, mit der man die Uhr aufzieht, hatten wir festgestellt. Diese Uhr konnte also niemand aufziehen.« Meine Mutter war, um es mit einem Wort zu sagen, schockiert.

Der Kundin erzählte sie freilich nichts von diesem Dummy. Die Uhr wurde mit einem Uhrwerk ausgestattet, und die Dame trug ihre wunderschöne, jetzt gangbare Uhr noch jahrelang und hatte viel Freude mit ihr.

Ui, ui!

Unser Vater hatte eine Kundin, die sich für ganz besondere Juwelen interessierte. Er zeigte ihr einige Stücke, die gut zu dieser Kundin passten. Ein Armband gefiel ihr sehr gut und die Dame fragte meinen Vater nach dem Preis. Er betonte, dass dieses Armband sehr wertvoll sei, und nannte den Preis, 11 000 Euro. Die Kundin zeigte sich überrascht und sagte nur: »Ui!« Nach einer kurzen Pause fragte sie dann nach dem Preis für das passende Collier, worauf mein Vater den Preis nannte: »Ui, ui!«

Tokyo

Zu Japan und den Japanern haben wir Deutsche eine besondere Beziehung – sei es durch den traditionell regen wissenschaftlichen und kulturellen Austausch, durch gemeinsame Erfahrungen in den Bereichen des Sports und, vor allem, der Wirtschaft oder sei es durch eine gewisse Ähnlichkeit der Mentalität. Japaner und Deutsche galten immer als besonders fleißige und zuverlässige Menschen, und in unserem Geschäft hatten wir viele japanische Kunden, die wir durchweg als äußerst höflich, zuvorkommend und ehrlich empfanden. Nun, manche von ihnen begnügten sich damit, unsere Auslagen zu fotografieren, um dann zu Hause unsere Schmuckstücke kopieren zu können – aber das hatten wir Deutsche im 19. Jahrhundert im Ausland auch gemacht und später unser legendäres »Made in Germany« entwickelt …

Einer unserer japanischen Kunden kam, fasziniert von unseren Design-Ideen, anlässlich seiner Deutschlandbesuche immer wieder mit einer Dolmetscherin bei uns vorbei. 1988 bot ich Herrn Sakata ein Brillant-Smaragd-Armband – mit drei kolumbianischen Smaragden – an, das wir gerade fertiggestellt hatten; ich nannte ihm dafür einen sehr hohen, im Vergleich mit anderen

Juwelen aber günstigen Preis. Unser Kunde zeigte sich schockiert. Daraufhin bot ich ihm an, er könne dieses Armband mit nach Tokyo nehmen, um es dort prüfen und den Wert feststellen zu lassen.

Der Kunde war erstaunt über mein Angebot, zumal ich keine Garantien von ihm haben wollte. Ich vertraute ihm ganz einfach. Er nahm das Armband und einige unserer Bücher mit nach Tokyo.

Nach etwa vier Wochen stand Herr Sakata wieder in unserem Geschäft und übergab mir einen Scheck über die Summe, die ich ihm genannt hatte. Er erzählte, dass das Armband in seiner Heimat das Dreifache gekostet hätte – und dass er alles tun wolle, um eine Ausstellung mit unserem Schmuck in Tokyo zu arrangieren. Er habe deshalb bereits mit der größten Werbeagentur der Welt, Dentsu, sowie mit dem Traditionshotel Okura und mit in Japan einflussreichen Menschen gesprochen, die alle von unseren Produkten begeistert seien.

Natürlich waren auch wir begeistert und begannen ziemlich rasch damit, unsere Tokyo-Reise vorzubereiten. Zur Sicherheit reservierten wir als erstes drei Zimmer im Okura Hotel, und zwar für Mitte Juni 1990.

Genau in diesen Tagen besuchte uns erneut ein japanischer Kunde, Herr Iochiro Inumaru, zusammen mit seiner Gattin, um ein Collier für sie zu erwerben. Christoph erzählte voller Stolz von unseren Tokyo-Plänen und lud die beiden ins Okura-Hotel ein. »Wenn das so ist«, entgegnete Inumaru, »muss ich leider von meinem

Kauf absehen.« Dabei übergab er meinem Bruder seine Visitenkarte: »Mr. Iochiro Inumaru. President Emeritus des Imperial-Hotels, Tokyo.« Nachdem wir jedoch das Okura schon gebucht hatten und daran nichts ändern konnten, versprachen wir Mr. Inumaru, den Abschlussabend unseres Tokyo-Besuchs in seinem Hotel zu veranstalten. Mein Bruder versprach dem »President Emeritus«, ihm an diesem Abend dann das Collier für seine Frau zu überreichen, das wegen des schlanken Halses der Dame gekürzt werden musste.

Bald waren wir mitten in den Planungen unserer großen Reise. Wir bereiteten den Transport der Vitrinen, Schalen, des Schmucks, unserer Bücher, des Werbe- und Dekorationsmaterials und mannigfacher Geschenke vor, mussten unsere Preise in Yen umrechnen und das Buch mit der Geschichte unserer Firma, das wir zu unserem 40jährigen Jubiläum hatten drucken lassen, ins Japanische übersetzen lassen. Auch an Visitenkarten hatten wir gedacht. Weiter hatten wir ein Gespräch mit der Versicherung zu führen, die uns in Tokyo bewaffnete Sicherheitsleute vorschrieb, was jedoch, wie wir wussten, im Hotel nicht möglich war. Wir mussten Holzkisten für die 16 Vitrinen und die Friedrich-Schalen bauen. Und vieles andere mehr.

Die Kosten für unsere Ausstellung stiegen von Woche zu Woche – die Gesamtsumme belief sich dann nach einem Jahr der Vorbereitung auf 1 000 000 DM. Allein die Miete für einen Ausstellungstag im Okura-Hotel kostete 50 000 DM, wobei diese Kosten großzügigerweise von Herrn Sakata übernommen wurden. Wir hingegen überlegten uns ein Geschenk für unseren japanischen Gönner, mit dem er nicht rechnen konnte.

Da Herr Sakata, wenn er in Deutschland war, immer mit unserem Mercedes SL fahren durfte und er von dem Auto, das es in Japan noch nicht gab, so sichtbar begeistert war, rief mein Bruder Christoph den Vorstand von Mercedes an. Er fragte an, ob es denn möglich sei, einen Mercedes SL für Herrn Sakata zu bestellen, »er müsste aber bis zum 11. Juni in Tokyo sein.« Kurz darauf kam die Antwort: »Ja, wenn er hellblau lackiert sein und innen beiges Leder haben darf, dann geht ein Mercedes nach Tokyo und ist auch am 11. Juni da.« Wir sagten begeistert zu und bezahlten das Auto. Danach legten wir die Daten unserer Ausstellung fest: Sie sollte vom 12. bis 16. Juni 1990 stattfinden.

Im März 1990 flogen mein Bruder und ich nach Tokyo, um die wichtigsten logistischen Dinge vor Ort zu besprechen – vor allem mit Dentsu, der Werbeagentur, und dem Hotel Okura. Es wurde vereinbart, dass Dentsu fünf Leute aus Tokyo nach Frankfurt schicken würde, um einen Film über uns zu drehen, der vor, während und nach der Ausstellung eingesetzt werden sollte. Zudem sagte Dentsu zu, von Mitte Mai an in allen bekannten Zeitungen und Zeitschriften für die Juwelen von Friedrich zu werben, doppelseitige Anzeigen zu schalten und 2000 Kunden sowie Presse und Fotografen anzuschreiben.

Ein Besuch in der Deutschen Botschaft und ein Abendessen bei Herrn Sakata beschlossen diese Reise und wir flogen in großer Vorfreude auf alles, was uns in Japan noch erwarten sollte, zurück.

Am 10. Juni war es dann soweit. Mit zwei Mitarbeitern, Herrn Weber und Gräfin Solka, bestiegen wir das Flugzeug nach Tokyo. Es war eine enorme und phantastische Reise, via Anchorage über die Spitze von Grönland und Alaska, alles bei klarer Sicht. In Tokyo stiegen wir dann im Hotel Okura ab. Am 11. Juni trafen früh am Morgen die Vitrinen und der Schmuck – im Wert von 110 Millionen DM – ein, wobei der Schmuck zu Hause ordentlich und nach allen Regeln der Kunst in einen Schmuckkoffer verpackt worden war; als wir ihn im Hotel öffneten, lag alles auf dem Kopf und war völlig durcheinander geraten. Mein Bruder bekam fast einen Anfall – aber dann packten wir zu viert alles aus, sortierten den Schmuck, der zum Glück nicht beschädigt war, und schraubten die Vitrinen zusammen.

Für den Nachmittag hatten wir uns bei der Mercedes-Niederlassung mit Herrn und Frau Sakata verabredet. Unser japanischer Freund fragte vier- oder fünfmal nach, ob dies denn nötig sei, was wir bejahten – und dann die Sensation: Herr Sakata bekam, kaum waren wir alle bei Mercedes eingetroffen, einen großartigen Empfang und als Geschenk seinen Wagen, den wir zu Hause bestellt hatten. Herr Sakata war, wie man so schön sagt, von den Socken und überschlug sich fast vor Freude. Ich glaube, er fuhr damals die ganze Nacht durch Tokyo und besuchte Freunde.

Abends gingen wir kurz essen, bauten dann die ganze Nacht weiter auf, duschten am frühen Morgen und begaben uns dann um 9.30 Uhr zur Besprechung mit Dentsu und zur Generalprobe. Dentsu hatte alles bestens vorbereitet: ein Podest für die Redner, eine riesige Leinwand für den Friedrich-Film, dahinter die Vitrinen, von einem Vorhang getrennt, sowie Blumen an allen Ecken des Raums. Es war sensationell.

Um 16 Uhr fand die Pressekonferenz statt, bei der wir viel über unsere Acryl- und Kautschuk-Armreife sprachen, über unsere Holzreife mit den auswechselbaren Diamanten, die man von hinten mit einem Pfennig an- und abschrauben konnte, über unsere Schalen mit den lustigen Tieren und darüber, dass Schmuck dann schön ist, wenn eine Frau, die ihn geschenkt bekommt, zu lächeln beginnt. Die größte Resonanz hatte natürlich unser Deepdene-Diamant, nach dem nicht nur dauernd gefragt wurde, sondern der auch am Abend zur Hauptsendezeit im Fernsehen gezeigt wurde. Um 17 Uhr wurden Fotografen eingelassen, und um 18 Uhr erschien der deutsche Botschafter, Dr. Hans-Joachim Hallier. Um 18.30 Uhr begann der Cocktail-Empfang und danach hielt ich eine Rede. Nach mir sprachen der Botschafter und Herr Sakata. Es folgte der Film über uns, den wir bis dahin nicht gesehen hatten. Er war – mit einem Wort – grandios. Es wurde unsere Familie porträtiert, ausführlich sah man die Geschäfte und das Atelier, es wurde über die Entführung von Christoph und den Deepdene-Diamanten sowie über unsere »Diamonds Awards« und unsere Bücher berichtet, und abschließend zeigte der Film Geburtsorte großer Deutscher – wie Goethe, Beethoven, Wagner, Bach und Einstein … und Friedrich! Alles war ein wenig übertrieben, aber doch sehr beeindruckend – wir waren stolz und glücklich. Um 20.30 Uhr lag der erste Ausstellungstag in Tokyo hinter uns.

Keine Stunde später begann für uns wieder die Rennerei: Vitrinen abbauen, auf rollende Wagen verladen, durch unterirdische Gänge des Hotels in einen anderen Raum fahren, unterwegs wieder abladen und neu aufladen, durch enge Verbindungstüren bugsieren, Schmuck in den Hotelsafe bringen, Vitrinen in einem neuen Raum wieder aufbauen, dort verteilen und neu dekorieren … Dies ging so bis zum kommenden Morgen. Wenn wir zwischendurch einmal auf unsere Zimmer gingen, galt der Spruch: »Nicht auf's Bett setzen – Einschlafgefahr!«

Am 13. und 14. Juni hatten wir von 10 bis 21 Uhr Kundenberatung, dazwischen Gespräche mit Journalisten von Radio und Fernsehen, zwei offizielle Mittag- und Abendessen sowie ein ausführliches Meeting mit Herrn Inumaru. Der Andrang war unglaublich. Zeit zum Ausruhen gab es nicht, zumal wir mit Herrn Inumaru vereinbart hatten, in seinem Imperial-Hotel am 15. Juni auszustellen. Also fiel erneut der Schlaf aus – und erneut wurden die Vitrinen zerlegt und dieses Mal sogar in Kisten gepackt, ebenso die Friedrich-Schalen. Der Schmuck wurde Sicherheitsleuten übergeben, und ab ging es ins Imperial-Hotel. Wir vier aus Frankfurt schufteten und mussten weiter mit der »Einschlafgefahr« leben, aber auch im Imperial-Hotel wurde es ein wunderbarer Abend mit einem besonderen Höhepunkt: der Überreichung des Colliers für Frau Inumaru.

Alle waren glücklich, wir auch – obschon wir uns über eine Frage wunderten, die uns immer wieder gestellt wurde. Sie lautete: »Ist denn Ihr Schmuck, den Sie hier in Tokyo zeigen, wirklich echt?« Natürlich bejahten wir das, bekamen aber später den Hinweis, dass unsere Juwelen für Japan viel zu billig seien. Da wir aber die Preise in unseren Büchern abgedruckt hatten, waren wir an sie gebunden. Unsere Philosophie, dass nämlich zu einem Angebot ein fester Preis gehört, hat uns in dem Falle daran gehindert, deutlich mehr Geld zu verdienen …

Für den 17. Juni war der Rückflug gebucht. Endlich. Wir vier sanken in unsere Sitze und schliefen ein. Erst in Frankfurt wachten wir wieder auf.

Danach waren wir immer wieder einmal in Japan – das Land und seine Menschen hatten es uns angetan. Die tollen Gärten, das fabelhafte Essen, die herrlichen

Parks und die zuverlässigen und freundlichen Leute haben uns immer wieder fasziniert. Es kam auch zu einigen lukrativen Geschäften. Und schön für uns war, dass auch die deutsche Presse ausführlich über unsere Reise berichtete.

Ein Bild, das uns Herr Sakata geschenkt hat, erinnert mich noch heute an die Reisen nach Japan und an Erlebnisse mit Kunden, die uns vertrauten, weil wir ihnen vertrauten.

Bei Ciro

Eines Nachts, es war schon kurz nach 2 Uhr, wurden wir vom Telefon aus dem Schlaf geweckt. Die Polizei war am anderen Ende. Der Beamte am Telefon sagte uns, dass in unserem Geschäft Alarm ausgelöst worden sei – die Streife sei auch bereits unterwegs.

In Eile zogen wir uns an und fuhren rasch in die Kaiserstraße. Schon aus der Entfernung sahen wir die Spuren des Einbruchs. Vor den Fenstern unseres Geschäfts lag ein Vorschlaghammer und in der Mitte der Scheibe klaffte ein Loch. Alles war verwüstet – und der gesamte Inhalt des Fensters war geraubt worden. Mit einem Stück Draht, das sich noch in der Auslage befand, hatte der Dieb alle ausgestellten Schmuckstücke erreichen und mitnehmen können. Es fehlten Ringe, Broschen und Ohrgehänge.

Wir ließen das Loch in der Scheibe mit einer provisorischen Panzerscheibe abdichten und mussten dann wegen der Anzeige zum nächstgelegenen Polizeirevier.

Dort angekommen, fiel uns sofort ein offenbar betrunkener Mann von stattlicher Statur auf. Die Beamten berichteten uns, dass sie ihn auf dem Weg zu unserem Juweliergeschäft festgenommen hätten, da er sich beim Anblick des Polizeiwagens flüchtend in einem Hauseingang verstecken wollte. Weiter berichteten die Beamten, dass dieser Mann sicherlich zuvor bei »Ciro« (einem Kollegen von uns, der jedoch auf unechten Schmuck spezialisiert war) eingebrochen hatte; in seinen Hosentaschen hatten sie einige Schmuckstücke gefunden. Diese hatten laut den ausgezeichneten Preisen einen Wert von 50, 85, 130, 150 und 166 DM – und der besagte Schmuck lag neben uns auf dem Tresen.

Als wir uns die einzelnen Stücke auf dem Tresen genauer ansahen, trauten wir unseren Augen nicht. Was dort lag, war unser Schmuck – wir hatten die Preise mit Filzstift auf jedes einzelne Stück geschrieben und den Preis von 50 000 DM mit 50, den von 130 000 DM mit 130 usw. abgekürzt. Die Polizisten waren sichtlich konsterniert und glaubten uns kein Wort.

Erst nach einigen Tagen bekamen wir unseren Schmuck zurück, nachdem wir der Polizei glaubhaft belegen konnten, dass es sich bei diesem auf den ersten Blick günstigen Schmuck um unseren wertvollen handelte.

Die Versicherung hätte diesen Schaden übrigens wohl nicht beglichen, da der gesamte Wert des Schmucks in der nächtlichen Auslage viel zu hoch war. Dementsprechend waren wir gar nicht versichert …

Glück im Unglück, kann man da nur sagen.

Der Räuber wurde allerdings mit einem Jahr Haft bestraft. Der Polizeibehörde spendeten wir einen entsprechenden Betrag für das bevorstehende Betriebsfest.

Der falsche Verdacht

Am 1. Dezember des Jahres 1979 hatte ein berühmter Düsseldorfer Juwelier eine bedeutende, sehr wichtige Ausstellung. Am späten Abend, nach Ende der Veranstaltung, wurden die Juwelen aus den Vitrinen geräumt. Dabei bemerkte man, dass ein 6,3 Carat-Brillant von allerfeinster Farbe und absoluter Reinheit fehlte. Das Besondere daran: Dieser Stein war ein Kommissionsbrillant, d.h. er gehörte dem Juwelier nicht. Er war mit vielen anderen Schmuckstücken ausgestellt gewesen. Sofort wurde alles durchsucht, auch jeder einzelne der fünf Mitarbeiter, doch der Brillant war nicht zu finden. Der Stein blieb spurlos verschwunden. Da die Vitrinen ständig geschlossen gewesen waren, war ein Diebstahl ausgeschlossen.

Dem Juwelier war bewusst, dass die Versicherung nur einen Bruchteil des Verlustes zahlen würde, da eine Unterversicherung vorlag, das heißt: dass nicht der gesamte ausgestellte Schmuck versichert war, außerdem hatte ein Sicherheitsmann gefehlt. Es war von einem immensen und tragischen Verlust auszugehen, der für das ganze Geschäft Auswirkungen hatte.

Umgehend ging in der Firma die Diskussion los. Alle fünf Mitarbeiter, vier Damen und ein Herr, die bei der Ausstellung mehr oder weniger die ganze Zeit dabei waren, standen immer wieder zusammen und besprachen den für sie rätselhaften Fall. Sie alle mussten zu Einzelgesprächen zum Juwelier …

Schon nach kurzer Zeit breitete sich Misstrauen in der Runde der Kollegen aus, in der vorher großes Vertrauen geherrscht hatte. Die Damen waren miteinander befreundet, doch bald schlich sich auch hier ein Gefühl der Unsicherheit ein, das damit begann, dass niemand mehr seine Hand- oder seine Aktentasche im Aufenthaltsraum frei herumliegen ließ. Abends begann jeder, seine Dinge genau nachzusehen, bevor er das Geschäft verließ. Die Fahrgemeinschaft von zwei Damen zerbrach, und jeder ging alleine und für sich nach Hause. Die Mitarbeiter misstrauten einander immer mehr, obschon oder weil der Juwelier wieder und wieder mit ihnen über den Fall sprach. Bei den Einzelgesprächen wurden natürlich Vermutungen geäußert. Dabei geriet eine der Damen, die sich gerade hatte scheiden lassen, ein neues Auto gekauft und eine neue Wohnung bezogen hatte, zunehmend unter Druck. Mit ihr sprach man nur über das Notwendigste, aber auch die anderen veränderten ihr Verhalten zueinander. Nur der Herr, der einzige männliche Mitarbeiter, blieb unbehelligt. Die Dame, gegen die sich Verdachtsmomente häuften, wurde ein paar Tage krank, was ungewöhnlich war. Sie war nie länger als einen Tag krank gewesen. Was war jetzt mit ihr?

Schließlich kündigte ihr der Juwelier fristlos, worauf sie unter Tränen das Geschäft verließ. Keiner kümmerte sich um sie. Am Ende kam es zu einem Prozess, bei dem die drei übriggebliebenen Damen, der Herr und auch der Juwelier aussagen mussten. Alle – bis auf zwei Mitarbeiterinnen – belasteten die Frau. Der Richter sah keinen Grund für eine fristlose Kündigung und verurteilte den Juwelier zu einer Zahlung von drei Monatsgehältern.

Danach verbesserte sich das Klima im Geschäft wieder.

Vier Jahre danach wurden die Vitrinen umgebaut. Dabei fand man den Brillanten wieder – in der Laufschiene der Glasscheibe. Es hatte also gar keinen Dieb, keine Diebin gegeben. Mehr als tragisch. Katastrophal! Der Juwelier war zutiefst betroffen: Die zu Unrecht gekündigte Dame war inzwischen ins Ausland verzogen.

Der freundliche Sicherheitsmann

Hier erzähle ich eine Geschichte, die mir jüngst ein Freund aus Paris berichtet hat.

Eine junge Frau lief an einem sonnigen Frühlingstag mit einem Kinderwagen durch die Straßen von Paris. Ihr Ziel war ein bekannter Juwelier am Place Vendôme, einem der fünf »königlichen Plätze« in der Hauptstadt Frankreichs. Das Kind im Wagen weinte ab und zu, auch als die junge Frau vor dem Geschäft des Juweliers stand und sich aufmerksam die Auslage ansah. Sie grüßte den Security-Mann vor dem Juwelierladen freundlich und betrat dann, mit Hilfe eben dieses Mannes, das Geschäft.

Sie fragte nach verschiedenen Ringen und ließ sich alle zeigen. Plötzlich aber begann ihr Kind zu weinen. Die Frau legte den Ring, den sie in der Hand hielt, wieder zurück auf den Ladentisch und eilte zu ihrem Baby. Sie beruhigte es, indem sie ein Karussell, das am Kinderwagen befestigt war, in Bewegung setzte – worauf das Kind schlagartig mit Weinen aufhörte. Die junge Frau ging daraufhin zurück an den Tisch und betrachtete noch einmal die zuletzt gesehenen Ringe. Letzten Endes aber, sagte sie, gefielen ihr Diamantringe doch am besten. Und so ließ sie alle anderen Ringe wegräumen.

Jetzt bat sie den Juwelier darum, noch eine weitere Auswahl von Diamantringen sehen zu dürfen. Was auch geschah. Der Juwelier zeigte ihr einen wertvollen Ring nach dem anderen, und einer davon gefiel ihr ganz besonders. Sie fragte nach dem Preis und lächelte. Plötzlich begann das Kind im Wagen wieder zu weinen. Sie stand auf, um es zu beruhigen, und gab ihm einen Schnuller. Und es beruhigte sich sogleich. Der Juwelier betrachtete die Szene mit Wohlwollen.

Ein Ring mit einem großen Diamanten schien die junge Frau magisch anzuziehen. Ob sie ihn bei Tageslicht sehen dürfte? »Da steht ja auch Ihr Wachmann, der mir so nett in den Laden geholfen hat.« Der Juwelier bejahte und ließ die Kundin mit dem Ring vor die Tür gehen. Der Kinderwagen blieb im Geschäft. Was soll schon groß passieren, dachte sich der Juwelier. Und draußen beobachtete außerdem der Security-Mann die Frau.

Plötzlich aber stieß die junge Frau den Security-Mann zur Seite, sprang auf den Beifahrersitz eines in dem Moment vorbeifahrenden Motorrads und rauschte mit dem Diamantring davon.

Der Juwelier rannte umgehend zum Kinderwagen, und was fand er in ihm: eine gut zugedeckte Puppe mit einem Tonbandgerät und einer Fernbedienung.

Die Frau aber war wie vom Erdboden verschwunden.

Die fröhlichen Brieftauben

In einer Stadt in den USA, die bekannt dafür war, dass sie einmal im Jahr einen »Zielflug der Brieftauben« organisierte, lief ein junger Mann mit einem Taubenkäfig durch die Straßen. An ihm und seinen drei Tauben im Käfig war nichts Auffallendes. Der Mann sah sich immer mal wieder um, dann hielt er vor einem Juweliergeschäft an, begutachtete die Auslage und betrat den Laden.

Dort stellte er seine handliche Voliere auf einem Nebentisch ab. Die Tauben gurrten, und der Mann ließ sich nun eine sehr spezielle und sehr wertvolle Uhr in Weißgold zeigen. Der Juwelier erklärte die Uhr genau. Es handelte sich um eine »mechanische Komplikation«, um eine Uhr also mit vielen Drückern und Einstellungsmöglichkeiten. Sie hatte einen Einstellstift, mit dem die Mondphase, das Datum und der Wochentag eingestellt werden konnten. Während der Mann sich die Uhr in allen Einzelheiten beschreiben ließ, öffnete sich plötzlich die Voliere und die Tauben flogen in die Freiheit. Allerdings nicht hinaus – die Vögel flatterten im Geschäft herum und setzten sich auf die vornehmen Lampen.

Sofort sprang der junge Mann auf, um die Tauben rasch wieder einzufangen. Dabei beklagte er lauthals den

Verlust seiner wertvollen Tiere. Umgehend eilten ihm der Chef und alle seine Angestellten zu Hilfe, aber die Tauben entwichen immer wieder auf die Lampen, wo sie sich voller Angst »entleerten«. An der teuren Wandbespannung hing schon der erste Kot und auch die Lampen und zwei Tische waren bereits in Mitleidenschaft gezogen. Rasch wurden Stühle und eine Leiter für den Taubenfang geholt und keiner kümmerte sich mehr um den jungen Mann, der sich zuerst kräftig an der Aktion beteiligte, sich dann aber, nachdem seine Tauben weiter wild umherschwirrten, von den anderen unbemerkt aus dem Laden davonstahl.

Dass er die teure Uhr mitsamt Einstellstift auf seine »Flucht« mitgenommen hatte, fiel erst eine gute Minute danach auf. Ein Angestellter rannte dem Dieb noch hinterher, konnte ihn aber nicht mehr einholen. Er kam keuchend in den Laden zurück. Die wilden Tauben, die vorher als »wertvoll« deklariert worden waren, wurden aus dem Geschäft verjagt.

Die Polizei stellte später fest, dass die Voliere einen speziellen magnetischen Verschluss hatte, der durch Fernbedienung geöffnet werden konnte. Aber was brachte die Erkenntnis? Nichts. Die teure Uhr war weg und das schöne Geschäft meines Kollegen musste total renoviert werden.

Die Maus im Safe

Ein Diamanthändler rief einen Kunden an, um ihm ein interessantes Angebot zu machen. Er habe einige größere, qualitativ hervorragende Diamanten, die er verkaufen wolle. Ob er, der Kunde, interessiert sei.

Nach dessen »Ja« ging ein unscheinbares Paket mit den Steinen auf die Reise, nachdem der Händler es höchstmöglich versichert hatte. Zwei Tage später kam es bei der Adresse des Kunden an. Die Ehefrau nahm das Paket entgegen, unterschrieb die Lieferung und stellte die wertvolle Fracht unausgepackt in den Tresor.

Am Abend, zurück von der Arbeit, fragte der Hausherr seine Gattin nach der Lieferung. Die Ehefrau ging zum Tresor, öffnete diesen … und schrie gellend. Der entsetzte Mann stürzte hinzu, fand seine Frau zitternd vor dem Tresor und im Tresor – eine kleine Maus. Als er das Paket herausholen wollte, sah er ein Loch an der Seite des Pakets, das, als er es kurz anhob, leer zu sein schien. Das war nun mehr als merkwürdig. Sofort verschloss er den Tresor wieder, und zwar mitsamt der Maus. Wie war das Tier denn nur in seinen Tresor gekommen?

Die Polizei, die er rief, kam innerhalb kurzer Zeit und nahm das Paket und die Maus mit – und tatsächlich:

Das Paket war an der Seite offen, und die Steine waren verschwunden.

Nach einigen Tagen, die Polizei hatte gründlich gearbeitet, flog der Fall auf.

Und die wahre Geschichte war die: Der Händler hatte große Geldsorgen, rief Kunden an, um ihnen ein tolles »Angebot« zu machen, und hatte bei dem Kunden, um den es hier geht, Glück. Dann aber verschickte er die versprochenen Diamanten nicht, sondern packte in das Paket eine hungrige Maus, hoffend, dass sie sich auf dem Weg zum Empfänger durch das Paket nagen und abhauen würde. Bei der Post und seiner Versicherung versicherte er das Paket, so hoch es ging.

Die Maus, die er gewählt hatte, war aber nicht so hungrig, wie er gedacht hatte, oder auch einfach nicht so eifrig. Sie ließ sich viel Zeit, zu viel Zeit. Wäre nämlich alles glatt gelaufen, hätte der Händler später das Paket ohne Inhalt und mit einem Loch seiner Versicherung vorgelegt. Irgendjemand hätte dann verdächtigt werden können, das Paket geöffnet und die wertvollen Diamanten gestohlen zu haben. Und aller Wahrscheinlichkeit nach hätten Post und Versicherung bezahlt.

Ja – auf solche Gedanken können Menschen kommen, die in großer Not einen schiefen Weg beschreiten.

Die drei, die nur zwei waren

In den achtziger Jahren, als es in den Juweliergeschäften noch keine Kameras für jeden Bedienungstisch gab, betrat ein gut angezogener Herr das Geschäft eines Kollegen mitten in Paris. Er ließ sich verschiedene Ringe aus dem Fenster zeigen. Wenn es sich um wertvollen Schmuck handelt, zeigt man gewöhnlich nur drei Teile, vor allem dann, wenn es sich um einen unbekannten Kunden handelt. Also präsentierte der Juwelier drei sehr teure Ringe …

Der Kunde schien sehr angetan und bat darum, noch eine Brosche zu sehen, die zu einem der drei Ringe passte. Der Juwelier ließ den Herrn mit den drei Ringen kurz allein, um die Brosche aus dem Fenster zu holen. Als er zurückkam, lagen nur noch zwei Ringe auf dem Tisch. Der Kollege nahm sich zusammen und fragte freundlich: »Ach, Sie haben sich wohl schon für einen Ring entschieden?«

Der Kunde verneinte. »Es lagen drei Ringe auf dem Tisch«, sagte der Juwelier, jetzt weniger freundlich, »und der teuerste fehlt.«

Der Kunde reagierte empört: »Entschuldigen Sie, Sie haben mir nur zwei Ringe gezeigt und keine drei. Das ist ja unverschämt, was Sie da behaupten. Ich bitte Sie: Holen Sie die Polizei!«

Und so geschah es. Die Polizei erschien und nahm den Herrn mit aufs Revier, wo er sich bereitwillig untersuchen und sogar röntgen ließ. Auch die Schuhe und Solen wurden inspiziert. Mit dem Ergebnis: Der Ring war nicht zu finden.

Der Kollege musste sich bei dem Kunden entschuldigen, obwohl er keinen Zweifel daran hatte, dass er ihm drei Ringe gezeigt hatte. Schlaflose Nächte folgten. Ich habe drei Ringe hingelegt – darauf schwor der Juwelier. Irgendwas hatte dieser »Kunde« mit dem dritten Ring gemacht. Aber er hatte ihn nicht mitgenommen – so die Aussage der Polizei.

Einige Tage danach kam die Reinemachefrau ins Geschäft. Sie putzte gründlich wie immer, auch unter den Tischen. Plötzlich rief sie laut: »Was für ein Schwein hat denn hier seinen Kaugummi unter den Tisch geklebt?«

Und tatsächlich: Es klebte da ein Kaugummi – und in ihm fand man noch den Abdruck des vermissten, nein: geklauten Rings. Dem Juwelier fiel es wie Schuppen von den Augen. Der »Kunde« hatte den dritten Ring im Geschäft gelassen! Ein Komplize oder eine Komplizin des feinen Herrn mussten den Ring nach dessen Verschwinden unter dem Tisch »abgeholt« haben.

Ein Saphir und zwei feine Herren

Ein Juwelier mit Namen Schmerer las, nachdem er am Morgen sein Geschäft geöffnet hatte, die neuesten Nachrichten und eine Reportage, wie es kürzlich zu einem Überfall auf einen Kollegen gekommen war. Das konnte ihm, Schmerer, nicht passieren! Er hatte schließlich eine Klingel an der Tür und begutachtete seine Kunden, bevor er sie hineinließ.

Und tatsächlich: Schon klingelte es – zwei gut situierte Herren mit Jackett und Krawatte standen vor seinem Geschäft. Der Juwelier öffnete ihnen. Die beiden Herren schwärmten von seiner Auslage und kamen dann zur Sache: Sie baten um einen Entwurf für einen Saphir, den sie, wie sie versicherten, aus Sri Lanka mitgebracht hatten. Sie legten den Stein, der eine auffallend schöne Farbe hatte, auf den Tisch und sagten: »Wir hätten gerne ein Geschenk für eine unserer Ehefrauen – wir haben auch deren Ringmaß dabei.«

Der Juwelier war sofort in seinem Element, nahm ein Stück Papier und begann zu zeichnen. Eine seiner Ideen, die aufwendigste obendrein, gefiel den beiden Männern gut, sie fragten nach dem Preis. Danach einigte man sich rasch. Die Herren erhielten eine Quittung, auf der der Name, die Telefonnummer und das Gewicht des Steins, das der Juwelier genommen hatte (um eine spätere Verwechslung des Steins auszuschließen), verzeichnet waren wie auch die Erklärung, dass er, der Juwelier, den Saphir bekommen hatte. »Saphir von 8,3 ct erhalten«, stand auf der Quittung. Die beiden Kunden leisteten eine à-conto-Zahlung in Höhe von 1000 Euro und verließen zufrieden das Geschäft.

Zwei Wochen danach tauchten die beiden Herren wieder im Geschäft auf, um nun den Ring abzuholen. Herr Schmerer holte stolz den Ring mit dem wunderschönen Saphir und den Diamanten in Gelb- und Weißgold aus dem Tresor.

Die Kunden begutachteten den Ring akribisch genau – er schien ihnen gut zu gefallen. Bei dem Saphir aber legten sie ihre Stirn in Falten. »Ist das der Stein, den wir bei Ihnen gelassen haben?« Schmerer beteuerte, dass es dieser Stein sei und er habe im Übrigen auch noch nie einen so schönen Saphir gesehen. »Die Farbe«, sagte er, »kann nun, da der Stein gefasst ist, freilich ein wenig anders aussehen.« Die Herren blieben misstrauisch: »Nein, das ist nicht unser Saphir.«

Der Juwelier schwor, dass der Stein seine Werkstatt nicht verlassen hatte – doch die Männer zweifelten weiter daran. Also ließ Herr Schmerer den Saphir ausfassen und wiegen. Dazu ließ er die beiden Herren in sein Atelier kommen. Zu seinem Glück und seiner Erleichterung hatte der Stein exakt das gleiche Gewicht wie bei seiner Annahme. »Da sehen Sie, es ist Ihr Saphir!«

Doch die beiden gaben keine Ruhe. »Dies ist nicht unser Saphir! Sie haben ihn vertauscht.« Dem Juwelier dämmerte es allmählich: Hatten ihn die Herren vielleicht mit einem synthetisch hergestellten Saphir hereingelegt? Nun wusste sich Herr Schmerer nicht mehr anders zu helfen und rief die Polizei, die den Stein zur Untersuchung mitnahm.

Das Ergebnis der Untersuchung war fatal. Der Saphir war gefälscht, war ein synthetisches Produkt – und Herrn Schmerer wurde zum Verhängnis, dass auf der Auftragstüte, von der er eine Kopie den Kunden mitgegeben hatte, notiert war: »Ein Saphir von 8,3 Carat.« Zudem hatte er das auf der Quittung bestätigt. Er hätte schreiben sollen: laut Kunde einen Saphir von 8,3 Carat erhalten. Oder: einen blauen Stein von 8,3 Carat erhalten.

Im Prozess, zu dem es bald danach kam, wurde der Juwelier verpflichtet, einen echten Saphir in der gleichen Qualität mit mindestens 8,3 Carat zu beschaffen. Zudem musste er auch noch die Anzahlung von 1000 Euro zurückerstatten. Nach dem Richterspruch verzichteten die beiden Herren noch auf den Ring für die Ehegattin, da sie, wie sie betonten, das Vertrauen in diesen Juwelier verloren hatten.

Für Herrn Schmerer war dies alles eine Katastrophe. Ihm war klar, dass seine »Kunden« ihm von Anfang an einen gefälschten Stein untergejubelt hatten und dass er Opfer eines raffinierten Betrugs geworden war …

Wie immer

Ein sehr bekannter Diamanthändler aus Idar-Oberstein war wie jedes Jahr auf der Uhren- und Schmuckmesse in Basel gewesen. Und wieder einmal war viel bei ihm geordert worden. Er hatte gute Geschäfte gemacht, die er nun – von zu Hause aus – abwickeln wollte. Wie immer.

Er hatte seine Ware am Ende der Messe in einen vom Schweizer Zoll versiegelten Koffer gepackt, den er nun, begleitet von einem Sicherheitsmann, zu seinem Auto brachte und im Kofferraum des grauen Audis verstaute. Dieser Kofferraum war eine Spezialanfertigung mit doppeltem Deckel; das Auto hatte zudem ganz spezielle Scheiben, eine rundum schusssichere Karosserie und eine Alarmanlage. Jetzt stieg der Händler in seinen vollgetankten Wagen, verriegelte die Türen und fuhr aus der Tiefgarage im Konvoi mit Kollegen über die Grenze. Zu Hause wartete seine Familie auf ihn – wie jedes Jahr.

Ganz in Gedanken lenkte er seinen Audi in Richtung Norden, wechselte von der A5 auf die A61 und dann auf die A6 – und hörte dabei klassische Musik, wie gewöhnlich. Er fühlte sich wohl und sicher in seinem Panzerwagen. Dass er seit Basel verfolgt wurde, wusste der Diamanthändler nicht. Er hatte auch nicht bemerkt, dass sich ein Auto vor ihm und zwei Autos hinter ihm platziert hatten.

Der Mann hatte schon bald die Pfalz erreicht. Er drosselte die Geschwindigkeit des Wagens, um von der A6 auf die A62 zu fahren. Jetzt befand er sich in einer engen und schwer einsehbaren Kurve der Autobahnzufahrt, als das Auto vor ihm abrupt bremste und zum Stehen kann. Direkt hinter ihm stoppte ein weiteres Auto.

Die Türen des Wagens vor ihm gingen auf, und drei Männer sprangen heraus. Sie waren alle bewaffnet. Blitzschnell legte der Diamanthändler den Rückwärtsgang ein, um aus dem Inferno zu entkommen, doch sein Wagen war von dem hinter ihm stehenden Auto so eingekeilt, dass sein Wagen sich nicht von der Stelle rührte. Einer der Gangster schob ein Paket, das wie eine Bombe aussah, unter das Auto des Händlers. Die beiden anderen hielten ein Schild an das Fenster des Audis. Auf ihm stand »Steig aus, sonst sprengen wir dein Auto in die Luft.«

Völlig verängstigt stieg der Händler aus dem Auto, unter dem der vermeintliche Sprengsatz lag, und öffnete auf Befehl der Gangster den Kofferraum. Was er nicht sehen konnte, war, dass der dritte Wagen hinter ihm die Autobahnabfahrt sperrte und mit einem Blaulicht auf dem Dach den Verkehr umleitete.

Nachdem sie die gesamte Ware aus dem doppelt gesicherten Kofferraum in den ihrigen gebracht hatten, fesselten die Gangster den Händler, schubsten ihn in den ersten Wagen und brausten davon. Nach einer längeren Fahrt brachten sie ihr Opfer in eine Hütte in einem größeren Waldstück und schlossen die Tür der Hütte ab. Immer wieder hörte der Händler Schritte außerhalb, Geräusche von an- und abfahrenden Autos und Stimmen in einer Sprache, die er nicht verstand.

Nach zwei Tagen holten ihn die Gangster aus dem Verlies, verbanden erneut seine Augen, fesselten ihn und fuhren ihn zu einem Waldweg, auf dem sie ihn laufen ließen. Nach kürzester Zeit waren sie spurlos verschwunden. Die geraubten Diamanten wurden nie wieder gefunden. Wahrscheinlich wurden sie umgeschliffen, mit Expertisen versehen und wieder in den Handel gebracht.

Auch die Räuber wurden nie geschnappt. Die Polizei vermutete, dass sie einer Bande aus dem ehemaligen Kosovo angehörten, die man die »rosaroten Panther« nannte. Dem Händler wurde der Schaden gottlob – nach langem Warten – von der Versicherung ersetzt, aber der Schreck saß ihm noch jahrelang in den Knochen.

Es war einmal

Es war einmal ein schwedischer Kaufmann. Der zog durch Indien, um Diamanten und andere Edelsteine zu kaufen. Stets hatte er einen Beutel dabei, in den er seine Schätze verstaute. Dieser Beutel war schon fast ganz gefüllt mit kostbaren Edelsteinen, als er einen Landsmann traf, mit dem er sich gut verstand, so dass beide gemeinsam die Reise fortsetzten. Sie besuchten viele Minen und andere Orte, an denen man die schönsten Steine kaufen konnte, und Schritt für Schritt führte der Kaufmann seinen Begleiter in die Geschäfte mit den Edelsteinen ein.

Der Landsmann war eigentlich ein armer Schlucker, der sich sein Indienabenteuer bisher mit Gelegenheitsarbeiten finanziert hatte. Für ihn war die Begegnung mit dem Kaufmann eine gute Fügung. Und beide wohnten nun, nachdem sie zusammen losgezogen waren, immer in einem Zimmer.

Jeden Abend ging der Kaufmann hinaus ins Freie, um in Ruhe eine Zigarre zu rauchen. Dies war für ihn ein wichtiges, stets wiederkehrendes Ritual, das in etwa 45 Minuten dauerte. Der Landsmann, ein passionierter Nichtraucher, blieb währenddessen im Zimmer. Der

Kaufmann hatte seinen Beutel mit den Edelsteinen stets bei sich, nicht jedoch bei seiner Zigarrenpause, so dass der Landsmann in ein gefährliches Grübeln geriet. Hätte er denn nicht bis zu seinem Lebensende ausgesorgt, wenn er sich in Besitz des Beutels mit den edlen Steinen bringen könnte?

Zwei Wochen lang überlegte er hin und her. Dann beschloss er, in der Zeit, in der der Kaufmann den Raum für seine Zigarrenpause verließ, im Zimmer nach dem wertvollen Beutel zu suchen.

Zuerst untersuchte er den Koffer seines begüterten Kameraden, dann – da dies erfolglos blieb – sah er in dessen Bett nach, unterm Teppich, hinter dem Schrank, hinter Bildern, ja sogar in den Schuhen des Kaufmanns. Doch der Beutel ließ sich beim besten Willen nicht finden.

Schließlich machte er sich noch an den Gardinen zu schaffen, im Bad und an der Toilettenschüssel, die er abschraubte, um hier die Beute zu finden. Aber nirgendwo war etwas zu sehen, nicht eine Spur war auszumachen. Und an jedem Morgen hatte der Kaufmann immer wieder sein Edelsteinsäckchen bei sich. Wo hatte er es denn versteckt?

Der Landsmann war verzweifelt. Eines Abends endlich gestand er seine Untaten, fügte aber hinzu, er würde den Kaufmann sofort verlassen, wenn er ihm sagen würde, wo er den Beutel immer versteckte.

»Ganz einfach«, sagte der Kaufmann. »Unter deinem Kopfkissen.«

Der Esel mit dem Sattel

Ein Gemmologe aus Idar-Oberstein erhielt eine Anfrage aus Kolumbien, in das südamerikanische Land zu reisen und in den dortigen Minen verschiedene Untersuchungen vorzunehmen. Er würde in ganz verschiedenen Regionen des Landes zu tun haben, weshalb die Regierung ihm einen Führer zuwiese, der ihn durch die unwegsamen Gebiete begleiten und auch schützen sollte. Der Gemmologe sagte zu, bekam jedoch ein paar Tage vor seiner Abreise den besonderen Hinweis, dass er, wenn er etwa beim Smaragddiebstahl erwischt würde, Gefahr liefe, von den Sicherheits- und Aufsichtsleuten ohne Vorwarnung erschossen zu werden.

Diese Information war klar und deutlich, aber für jemanden, der nie im Leben die Absicht hatte, etwas zu stehlen, nicht weiter von Bedeutung. Der Mann aus Idar-Oberstein bereitete sich also gründlich auf seine Reise vor und kam müde und neugierig zugleich in Kolumbien an. Er fuhr von Bogotá sogleich weiter nach Muzo – in die Gegend, in der er seine Untersuchungen anstellen sollte.

Dort lernte er seinen Führer kennen, einen äußerst sympathischen jungen Mann. Der Gemmologe bekam von ihm einen Esel als Lasttier mit einem Sattel und Zaumzeug. Und schon konnte es losgehen. Der Führer lief voran und nach einigen Stunden durch unwegsames Gelände, durch Wälder und Gestrüpp erreichten sie den Ort, an dem der Gemmologe mit seiner Arbeit beginnen sollte. Sie passierten die Kontrolle, nachdem uniformierte Männer und schwer bewaffnete Soldaten sie beide gründlich untersucht hatten.

Neun Tage blieb der Gemmologe an diesem Ort, arbeitete tagsüber und schlief nachts in einem Zelt im Lager. Nach Abschluss zum Teil langwieriger Untersuchungen war es an der Zeit, dem »Smaragdgebiet« Adieu zu sagen. Sie mussten wieder an den mit Maschinengewehren bewaffneten Sicherheitskräften und Soldaten vorbei. Dabei wurde der Gemmologe gründlich untersucht. Auch sein Gepäck. Nach der eingehenden Untersuchung, die etwa eine halbe Stunde dauerte, wurde er wieder aus dem Lager entlassen. Sein Führer wurde auch gefilzt und zusätzlich geröntgt. Diese Prozedur dauerte etwa eine Stunde. Es gab demnach kein Problem.

Zwei, drei Stunden waren nun vergangen, der Gemmologe war ganz in Gedanken, da fragte ihn sein Führer unvermittelt: »Wollen Sie Smaragde kaufen?«

»Wie bitte? Von Ihnen?«

»Ja«, sagte der Führer, »ich habe welche aus der Mine mitgenommen.«

»Bist du von Sinnen!«, entfuhr es dem Mann aus Idar-Oberstein »Weißt du nicht, wie gefährlich das war? Wo hast du die Steine denn gehabt?«

Die Antwort ließ den Gemmologen erbleichen: »Ja, unter deinem Sattel!«

Wie finde ich einen »guten« Juwelier?

Diese Frage wurde mir mehr als einmal gestellt. Ich habe daraufhin immer gesagt, dass es eine »richtige« Antwort nicht gibt, weil es doch in erster Linie vom persönlichen Empfinden abhängt, ob man einem Juwelier vertraut – oder nicht. Letzten Endes liegt die Lösung des Problems auf beiden Seiten, der des Kunden wie der des Juweliers.

Aber einige Punkte kann ich anbieten:

- Suchen Sie einen Juwelier auf, der schon längere Zeit an einem Ort ansässig ist, der
- auf seine Kleidung achtet und immer besser angezogen ist als man selbst und der
- eventuell ein eigenes Atelier hat. Wichtig ist auch, dass er
- wertvolle Steine mit abgesicherten Gutachten verkauft (zum Beispiel von der Diamant Prüflabor GmbH oder der Deutschen Stiftung Edelsteinforschung).
- Wenn Fragen oder Zweifel angebracht sind, sollten Sie einen Berater bei sich haben. Schließlich sollten Sie herausfinden, ob der Juwelier
- seine Juwelen noch selbst entwirft und herstellt. Und wenn Sie ihn

❦ fragen, was ist, wenn man den bei ihm gekauften Schmuck verkaufen will, und er darauf eine Antwort hat,

dann könnte es ein »guter« und vielleicht auch »der richtige« Juwelier sein.

Und dann gibt es noch ein Letztes: Man geht zu verschiedenen Juwelieren und sagt jedem, man wisse, dass er »der Beste« sei, aber man würde doch gerne wissen, wer denn seiner Meinung nach »der Zweitbeste« sei. Der Juwelier, der am meisten als »der Zweitbeste« genannt wird, dürfte wohl der Beste sein.

Unsere Geschichte

Dieses Buch schrieb ich auch für unsere Eltern. Unser Vater Karl Friedrich war der Gründer und Motor und unsere Mutter Eleonore die Seele unseres Geschäfts mit eigenem Atelier. Ohne die beiden hätten mein Bruder und ich den Erfolg nie haben können, den wir gehabt haben.

Unser Vater wurde 1912 in Kransberg im Hintertaunus geboren, einem Ort mit einem Kranich im Ortswappen. Aus Verbundenheit mit seiner Heimat hat er den Kranich aus Kransberg in unser Firmenwappen aufgenommen.

Karl Friedrich war ungemein fleißig und ausdauernd. Schon als Kinder bewunderten wir ihn sehr – aber sahen unseren Vater, der ständig unterwegs war, nur selten.

Alles begann mit einem genialen Einfall: Schon bald nach Kriegsende tat er sich mit der »Litfaßsäulen-Frau« zusammen, die alle Anzeigen an die Plakatsäule klebte, und vereinbarte mit ihr, dass er am Morgen als erster die Anzeigen einsehen konnte. Danach radelte er los und besuchte die interessanten Leute und kaufte ihnen, wenn möglich, ihre Juwelen ab. An den Erlösen der Verkäufe beteiligte er dann die Frau mit 20 Prozent.

So erwarb sich Karl Friedrich schon bald einen Ruf als tüchtiger Juwelier. Als auf der Hauptwache im Zentrum

Frankfurts die ersten neuen Läden – eigentlich bessere Baracken – aufgemacht wurden, erhielt jede Partei, die im Stadtparlament, dem Römer, vertreten war, einen Laden. Und so bekam er 1947 den Laden von der CDU, die er, gemeinsam mit Heinrich von Brentano, dem späteren Außenminister, in Hessen aufbaute. Der Laden war »unter der Uhr« gelegen, ein vorzüglicher Ort – vor allem für die Werbung. »Juwelier Friedrich, Hauptwache unter der Uhr« wurde bald ein beliebter Treffpunkt für Verliebte, Jung und Alt. Der kommunistische Vertreter der KP bekam übrigens den Laden neben meinem Vater und verkaufte u.a. Havannas, lange bevor Fidel Castro an die Macht in Kuba kam.

Da auch unsere Mutter im Geschäft mithalf und stets an Vaters Seite war, mussten wir Kinder, Barbara, Christoph und ich, ins Internat, was uns nicht leicht fiel.

Nach und nach baute unser Vater, gefördert vom Bankier Friedrich Hengst, gemeinsam mit unserer Mutter das Juweliergeschäft Friedrich zu einem der führenden Unternehmen seiner Art in Deutschland auf. Karl Friedrich gewann dreimal den »Diamond International Award«, den Oskar der Juweliere, und galt als meist ausgezeichneter Juwelier Europas. Wer diesen Oskar dreimal gewonnen hat, kommt in die »Diamond International Academy« und kann den Preis nicht noch einmal gewinnen.

Karl Friedrich verstand es, große Ereignisse mit Spenden aufzuwerten und dies dann als Werbung für uns zu nutzen. Dafür schrieb er stets sogenannte »Waschzettel« mit allen wichtigen Informationen, die von Journalisten sehr gerne aufgenommen wurden.

1959 eröffnete er gegenüber dem damaligen renommierten Kaiserkeller einen Pavillon – das modernste Juweliergeschäft Deutschlands, in dem er seinen Kunden einen Platz im Garten anbieten konnte, was allgemein als sensationell gefeiert wurde. Im selben Jahr besuchte uns Kaiser Haile Selassi, und 1963 konnten wir die Nachbildung der in unserem Atelier gefertigten »Paulskirche« in Gold und Brillanten dem amerikanischen Präsidenten John F. Kennedy übergeben. 1964 zog Karl Friedrich in die Kaiserstraße 10 und 1968 eröffnete er ein Geschäft in den Kolonnaden von Baden-Baden. Nach dem Triumph von Cassius Clay im Weltmeisterschaftskampf gegen Karl Mildenberger »verlor« die amerikanische Boxlegende seine Siegesprämie in unserem Geschäft.

Als Experten schätzte man unseren Vater. So holte ihn Hans-Joachim Kulenkampff in seine Quizsendung »Einer wird gewinnen«, wo es darum ging, den Unterschied zwischen echtem und unechtem Schmuck zu erklären.

Da Karl Friedrich besonders auch antiken Schmuck liebte, erwarb er von der Herzogin von Braunschweig den berühmten Jagdschmuck der Gemahlin des Kaisers Wilhelm II. Trotz verlockender Angebote aus dem Ausland schenkte er diesen Schmuck gemeinsam mit Berthold Beitz und Alfred Krupp von Bohlen und Halbach dem Deutschen Jagdmuseum, wo er seit 1967 zu besichtigen ist.

1971 wurde ihm die Firma Cartier komplett zum Kauf angeboten, doch unser Vater lehnte ab, denn in einem Unternehmen dieser Größenordnung hätte er nicht mehr den Kontakt zu seinen Kunden und der Werkstatt pflegen können. Der direkte Kontakt mit den Menschen war ihm immer am allerwichtigsten.

Dann folgten Zäsuren: 1972 traten mein Bruder Christoph als Goldschmied und 1974 ich als Bankkaufmann in die Firma ein. Meine Schwester Barbara führte zeitweilig das Geschäft in Baden-Baden. 1974 eröffnete unser Vater ein Geschäft im Hotel Frankfurter Hof, in dem viele seiner Kunden abstiegen. 1977 übertrug Karl Friedrich die Verantwortung des Geschäfts auf Christoph und mich.

Urlaub war für ihn mehr oder weniger ein Fremdwort. Und wenn er auf Drängen unserer Mutter einmal Urlaub machte, nahm er immer Juwelen und eine Vitrine mit in die Ferien und fand auch in der Fremde stets neue Kunden. Wenn einer von uns einmal ein paar Tage frei haben wollte, fragte er nur: »Muss das sein?« Auf unseren Vater trifft ein guter alter jüdischer Witz zu: Ein im Sterben liegender Jude, von allen Mitgliedern seiner Familie umgeben, fragt: »Rifka, meine Frau, bist du da?« – »Ja!« – »Meine Tochter Lea, Jacob, mein Sohn, und Isaak, seid ihr auch da?« – »Ja!« – Mit letzter Kraft richtet sich der Sterbende auf und ruft: »Und wer ist im Geschäft?!«

Schwere persönliche Einschnitte blieben leider nicht aus. 1983 erschütterte die Entführung von Christoph die Firma und alle unseren Mitarbeiter. Am ersten Tag des Jahres

1992 starb unser Vater. Und ich erlitt 2003 einen Schlaganfall, von dem ich dank meiner Frau sehr rasch genas.

Etwas ganz Besonderes im Leben meines Vaters war der Deepdene, der »Schicksalsdiamant«, der ihn 27 Jahre lang durch Höhen und Tiefen begleitete, ehe er im Jahre 1997 versteigert wurde. Ich erzähle in diesem Buch die dazugehörige Geschichte.

Mit den Entwürfen von Christoph und unserem unermüdlichen Einsatz begann das Geschäft zu blühen. Beinahe jedes Jahr brachten wir ein Buch, in Moiré-Stoff eingebunden, heraus, in dem wir unsere eigenen Werke präsentierten. Und viele Ausstellungen – in Tokyo, New York, Istanbul, St. Moritz, Kuwait, Saudi-Arabien und in den großen Städten Deutschlands – machten uns in der Welt bekannt. Ja, man kann sagen: Das Familienunternehmen schrieb Schmuckgeschichte.

Wir arbeiteten mit Kunststoff, Holz, Porzellan, Edelstahl und Kautschuk und kreierten daraus zeitlos-klassischen Schmuck. Ein Markenzeichen von uns waren lustige Tierschalen – mit Bären, Hunden, Katzen, Mäusen und ganzen Pinguin-Familien – mit von Hand geschliffenen Tieren und handbemalten Dekor auf Porzellan, alles Unikate. Begehrt waren auch unser Stretch-Armband mit Edelsteinen in allen Farben – von naturfarbigen Brillanten bis zu Rubinen, Saphiren und Smaragden –, das sich ohne Verschluss an jeden Arm anschmiegte, oder der Kautschuk-Armreif mit Diamanten. Die Kreuzbandringe und -armbänder waren ein weiterer großer Erfolg für uns.

Der Satz »Wenn Sie uns kennen, müssen Sie edlen Schmuck haben« war die viel beachtete Werbung, die wir in der FAZ-Sonntagszeitung, mit einem Foto von Christoph und mir auf der Titelseite und ohne Namensnennung, über viele Jahre hinweg veröffentlichten. So waren meine Schwester Barbara, Christoph und ich bei vielen Wohltätigkeitsveranstaltungen dabei und stifteten sehr originelle Preise. Wir sahen dies auch als unsere Verpflichtung an.

Zehn Jahre nachdem uns die Stadt Frankfurt mit der Pflege des Domschatzes betraut hatte, setzten wir 1996 den Höhepunkt unseres Wirkens mit dem Umzug in die Frankfurter Goethestraße, eine der kürzesten Nobelstraßen der Welt. In Baden-Baden verließen wir die Kolonnaden und etablierten uns mit einer Filiale im berühmten Brenners Park-Hotel.

Indem ich mich an diesen Höhepunkt erinnere, kommt mir eine andere Erinnerung – an die 70er Jahre, als Christoph und ich das väterliche Geschäft übernommen hatten. Wir benötigten für notwendige Investitionen einen Kredit von ca. 500 000 DM und sprachen daher bei der Deutschen Bank vor. Der Kredit wurde genehmigt, aber dafür nahm man als Sicherheit unser gesamtes Hab und Gut. Danach kreuzte etwa einmal im Monat ein Herr der Bank bei uns auf und kontrollierte das Warenlager – und wehe, es fehlte ein Stück! Da wir diverse Vitrinen außerhalb unserer Frankfurter Zentrale hatten und einer von uns beiden immer mit Schmuck unterwegs zu einem Kunden oder aber Schmuck bei einem Kunden war, der noch nicht bezahlt hatte, fehlte immer etwas. Dies war ein ständig uns begleitendes Problem. Besagter Herr stand auch einmal vor dem Geschäft, während wir dekorierten und das Geschäft aus Sicherheitsgründen geschlossen hielten – und wurde nicht bemerkt. Er eilte zur Bank zurück, und schon begann ein Drama: Die Deutsche Bank rief an: »Sind Sie denn pleite?« oder »Wollen Sie sich absetzen?« Ehrlich gesagt, wünschten wir uns manchmal, in der Rolle des Prüfers zu sein, der regelmäßig sein Gehalt bezog und nachts gut schlafen konnte. Aber nach drei Jahren waren wir in der Lage, das geliehene Geld zurückzuzahlen.

Natürlich ist die Geschichte unseres Geschäfts summa summarum eine Erfolgsgeschichte. Aber es gab auch Zeiten, in denen, wie man sagt, der Gürtel enger geschnallt werden musste. Ich werde nie vergessen, wie wir als Kinder, da in unserer Familienkasse Ebbe herrschte, unsere Sparschweine plündern mussten, um unseren Beitrag für eine Ferienreise zu leisten. Aus Dankbarkeit veranstalten wir seit vielen, vielen Jahren in Frankfurt ein Obdachlosenfest zu Weihnachten – mit Bata Ilic und Roberto Blanco und Geschenken der Firmen Ferrero und André, The Cigar Company. Diese Feste begleite ich mit meiner Familie auch heute noch, sie sind uns wichtig, weil wir wissen: Jedes hohe Risiko birgt auch die Gefahr des Elends und der Obdachlosigkeit in sich.

2010 ging eine Ära zu Ende. Wir erhielten ein Angebot, das gesamte Geschäft zu veräußern, und verkauften es an die Familie Stabernack. Marc Stabernack führt das Geschäft unter unserem Namen weiter.

Als mein Bruder und ich Bilanz zogen, blickten wir auf eine erfolgreiche Geschichte zurück, die mit vielen Erlebnissen verbunden war. Wir hatten die Welt gesehen, wir hatten mit Menschen aus vielen Nationen und Kulturen zu tun gehabt. Dabei war unser Englisch, die heutige Weltsprache, wegen der Erziehung in einem humanistischen Gymnasium durchaus mäßig gewesen.

Auch heute besuche ich fast jede Woche unser ehemaliges Geschäft in der Goethestraße und freue mich, dass alles noch weitgehendst so ist, wie es einmal war, und dass der Name und das Werk unserer Eltern, meines Bruders und mir noch immer lebendig sind.

»Wenn Sie uns kennen, müssen Sie edlen Schmuck haben« – diese Anzeige erschien über mehrere Jahre im Titelkopf der FAZ-Sonntagszeitung. Ohne die Namen zu nennen!

Dieter Bauer

Johannes Bertholdys Weg über den Eisernen Steg

Roman

Johannes Bertholdy und Lydia Haffner pflegen eine durch nichts getrübte Wochenendbeziehung, zu der ein festliches Mahl am Samstagabend gehört. Doch eines Nachts gerät Bertholdy, Hoteldetektiv im Frankfurter »Grand Hotel«, in eine Schießerei auf der »Eiserner Steg« genannten Mainbrücke - und plötzlich ist nichts mehr, wie es war. Das Opfer der Schießerei steht offenbar in einer Beziehung zu Lydia, die Hals über Kopf der Stadt den Rücken kehrt. Bertholdy gerät als Informant der Kripo bei der Verfolgung der Täter sowie der Suche nach Lydia in immer wieder neue unheilvolle Verwicklungen …

»Mehr als eine Mord-und-Totschlag Geschichte und Ermittler Johannes Bertholdy kein Kommissar, sondern Hoteldetektiv, wenn auch wider Willen.«

Die Welt

Geb., 318 Seiten
978-3-86337-041-1
weissbooks.com
Auch als eBook erhältlich

weissbooks.w

Inhalt

Stephan Friedrich
Die falsche Liz Taylor.
Ein Juwelier erzählt

Konzept Design
Gottschalk + Ash Int'l

Umschlaggestaltung
Julia Borgwardt, borgwardt design
unter Verwendung eines Motivs von
© Friedrich (»Deepdene«)

Foto Stephan Friedrich
© Martin Joppen

Digitale Bildbearbeitung
Reiner Schroeder

Satz
Publikations Atelier, Dreieich

Druck und Bindung
Těšínská tiskárna, Český Těšín

Printed in Czech Republic
Erste Auflage 2016
ISBN 978-3-86337-104-3

weissbooks.com

Dieses Buch wurde auf FSC®-zertifiziertem Papier gedruckt. FSC® (Forest Stewardship Council) ist eine nichtstaatliche, gemeinnützige Organisation, die sich für eine ökologische und sozialverantwortliche Nutzung der Wälder unserer Erde einsetzt.

FSC www.fsc.org MIX Papier aus verantwortungsvollen Quellen FSC® C005833

Olivenöl und Gesundheit

Speisefette sind nicht alle gleich. Auch wenn sie alle ungefähr die gleiche Menge an Kalorien haben (100 bis 120 Kalorien in einem Esslöffel), gibt es erhebliche gesundheitliche Unterschiede zwischen Olivenöl und anderen Fetten.

- Einfach und mehrfach ungesättigte Fette machen den größten Teil der Fette in Olivenöl aus. Diese Fette können dazu beitragen, den Cholesterinspiegel im Blut zu senken und damit das Risiko für Herzkrankheiten und Schlaganfälle zu verringern. Außerdem enthalten sie Nährstoffe, die die Entwicklung und Erhaltung deiner Körperzellen unterstützen.

- Einfach ungesättigte fettreiche Öle liefern zusätzlich Vitamin E für deine Ernährung. Dieses antioxidative Vitamin ist in den Vereinigten Staaten sehr knapp bemessen.

- Natives Olivenöl extra ist die gesündeste Option, da es am wenigsten verarbeitet ist und mehr Antioxidantien enthält, die bei der Verarbeitung nicht zerstört werden.
- Obwohl alle Olivenöle gesund sind, gilt: Je reicher der Geschmack, je höher der Gehalt an Polyphenolen, desto größer der gesundheitliche Nutzen und desto höher der Preis.

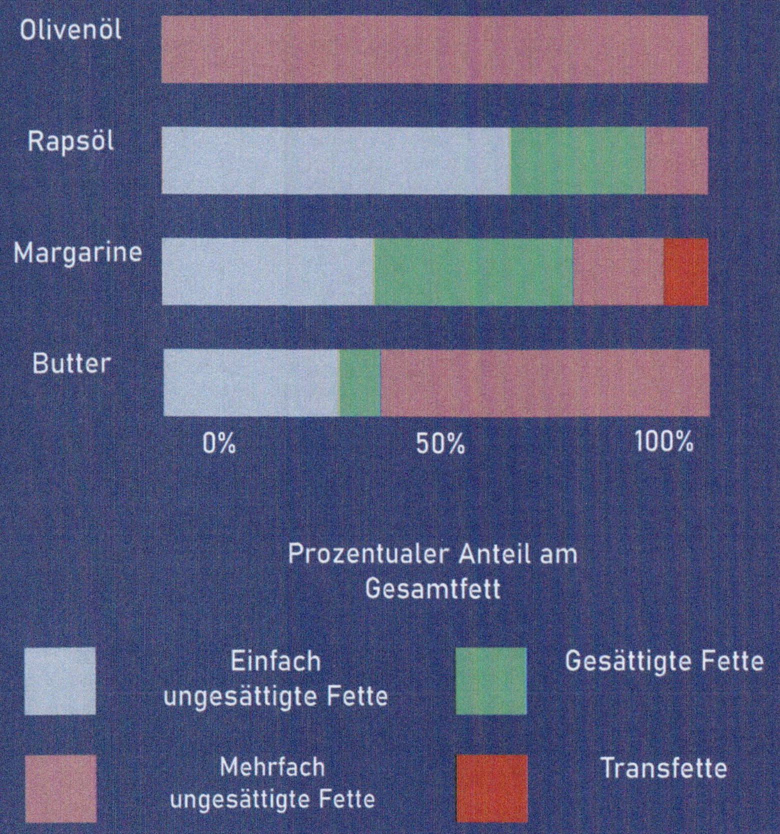

Kochen mit Olivenöl

Natives Olivenöl extra kannst du für alle Arten des Kochens und für viele Gerichte verwenden.

Braten: Olivenöl hat einen mittelhohen Rauchpunkt, der höher ist als die Temperaturen, die zum Braten benötigt werden. Außerdem enthält Olivenöl Ölsäure und andere kleine Moleküle, die verhindern, dass das Öl auch nach der Wiederverwendung noch verderben kann.
Grillen: Mariniere oder bestreiche deine Speisen mit Olivenöl, damit sie auf dem Grill nicht kleben bleiben.
Sautieren: Sautieren ist eine schnelle und gesunde Methode, um den Geschmack zu verbessern. Wenn du eine antihaftbeschichtete Pfanne verwendest, gieße das Olivenöl hinein, solange es noch kalt ist, und erhitze es dann. Gieße das Öl in eine heiße Pfanne für anderes Kochgeschirr.

Rösten: Um den Geschmack von gebratenem Fleisch zu verbessern, kannst du es mit Olivenöl begießen und Gemüse vor dem Braten mit Olivenöl beträufeln.
Backen: Wenn du Olivenöl in deine Backwaren gibst, verringert sich der Anteil an gesättigten Fettsäuren und sie bleiben länger feucht und frisch. Und es gibt noch eine gute Nachricht: Beim Backen brauchst du weniger Olivenöl als Butter.

UMRECHNUNGEN BEIM BACKEN MIT OLIVENÖL
Verwende die Maße, um Margarine und Butter in Rezepten zu ersetzen

Margarine/ butter	Olive oil
1 Teelöffel	3/4 Teelöffel
1 Esslöffel	2 1/4 Teelöffel
20 Gramm	1 Esslöffel
80 Gramm	55 Gramm
100 Gramm	5 Esslöffel
230 Gramm	160 Gramm

So schmeckt man richtiges Olivenöl

Bei der Wahl des besten Olivenöls kommt es auf die persönlichen Vorlieben an. Es gibt keine richtige oder falsche Sichtweise. Während du vielleicht glaubst, dass ein bestimmtes Olivenöl einen nussigen Geschmack hat, kann ein anderer Tester stattdessen

Äpfel und grüne Paprika entdecken. Um deine Geschmacksnerven nicht zu überwältigen, solltest du dich bei jeder Verkostung auf drei oder vier Olivenöle beschränken. Im Moment der Verkostung schreiben viele Menschen das Gefühl der Schärfe einem minderwertigen Öl zu, ohne zu wissen, dass es ein Hinweis auf den Reichtum an Wirkstoffen ist. Ein weiterer häufiger Fehler ist, sich nur auf die Farbe des Öls zu verlassen, um seine Qualität zu beurteilen. Du solltest den fruchtigen Geschmack der Olive erkennen, wenn du an einem Öl nippst.

Olivenöl-Aromen

Olivenöl gibt es in vielen verschiedenen Sorten, von denen jede ihren eigenen Geschmack und ihr eigenes Aroma hat. Die Geschmacksrichtungen der meisten Olivenöle werden in den folgenden Kategorien beschrieben:

1. Erdig und vollmundig
Öle mit einem kräftigen Geschmack und einem Mangel an Süße. Manche Öle haben auch einen pfeffrigen Kick. Es passt gut zu Gerichten, die viel Geschmack haben.
2. Fruchtig, pfeffrig und herb.
Haben einen ausgezeichneten Olivengeschmack mit einem würzigen Nachgeschmack. Er passt gut zu Nudelgerichten, deftigen Suppen und als Sprühregen.
3. Fruchtig und krautig
Das sind die grasigen, krautigen Öle. Es passt zu fast allem, aber besonders gut zu Gemüse, Nudeln und Schalentieren.
4. Mild
Der köstliche, buttrige Geschmack dieser milden Öle bleibt erhalten. Es ist perfekt für leichte Speisen wie Fischgerichte oder Salatdressings.

Olivenöl-Aromen

Offizielle Verkostungen von nativem Olivenöl extra.
Diese Verkostungen sind eine sehr ernste Angelegenheit, die durch den Verhaltenskodex des Internationalen Olivenölrats überwacht wird. Die Qualität eines Öls kann anhand von zwei Tests bestimmt werden:
1. Der Säuregehalt und andere Faktoren werden durch chemische Tests bestimmt, um die Qualität zu überprüfen.
2. Offizielle Verkoster führen menschliche Geschmackstests durch, um die sensorischen Eigenschaften zu beurteilen.
Der erste Schritt, um den tatsächlichen Unterschied zwischen Olivenöl und nativem Olivenöl extra zu erkennen, ist das Öffnen des Behälters und das Heranführen an die Nase. Nach dem Geruchstest ist es Zeit für die eigentliche Verkostung: Das Öl muss mindestens 30 Sekunden lang im Mund behalten werden und alle Geschmacksknospen berühren. Es dauert so lange, bis der Nachgeschmack wahrgenommen wird. Anschließend muss das Öl ausgestoßen und nicht geschluckt werden. Um zur nächsten Probe überzugehen, muss der/die Verkoster/in eine grüne Apfelscheibe essen und ein Glas Sprudelwasser trinken. Es ist wichtig, den Mund gut zu reinigen, um die Bewertung nicht zu beeinflussen. Das endgültige Urteil wird von einer verantwortlichen Person gefällt, die den Durchschnitt der von den Verkostern gesammelten Meinungen bildet und die zu uneinheitlichen Meinungen ausschließt.

Printed by Amazon Italia Logistica S.r.l.
Torrazza Piemonte (TO), Italy

31957140R00047